教学相长之路
——从经师到名师

陈自鹏　编著

中国书籍出版社
China Book Press

图书在版编目（CIP）数据

教学相长之路：从经师到名师/陈自鹏编著. --北京：中国书籍出版社，2021.12

ISBN 978-7-5068-8863-9

Ⅰ.①教… Ⅱ.①陈… Ⅲ.①英语课—教学研究—中学 Ⅳ.①G633.412

中国版本图书馆 CIP 数据核字（2021）第 268161 号

教学相长之路：从经师到名师

陈自鹏 编著

责任编辑	毕　磊
责任印制	孙马飞　马　芝
封面设计	中联华文
出版发行	中国书籍出版社
地　　址	北京市丰台区三路居路 97 号（邮编：100073）
电　　话	（010）52257143（总编室）　（010）52257140（发行部）
电子邮箱	eo@chinabp.com.cn
经　　销	全国新华书店
印　　刷	三河市华东印刷有限公司
开　　本	710 毫米×1000 毫米　1/16
字　　数	214 千字
印　　张	15.5
版　　次	2021 年 12 月第 1 版
印　　次	2021 年 12 月第 1 次印刷
书　　号	ISBN 978-7-5068-8863-9
定　　价	68.00 元

版权所有　翻印必究

引导教师专业再成长（代序）

陈自鹏

十几年来，我先后担任天津师范大学硕士指导教师、天铁集团名师工作室首席导师、天津市河东区名师工作室领衔人、天津市河东区名师工作室领衔人深度培养工程指导教师、天津市宁河区种子培养工程指导教师、杭州萧山区东片特级教师工作站指导教师，培养硕士研究生和名优教师、校长有三十多位。其间引导并与大家共学习，共实践，共思考，共研究，共交流，教学相长，共同提高，促进了自己和大家的专业成长。

我们知道，教师专业成长本不是一蹴而就的事。教师经历过一段时间的专业成长后，需要进一步得到提升。但有的教师感觉触到了专业成长的天花板，需要专业再成长。教师专业再成长的发力点在哪里呢？我认为，需要在如下五个方面多努力。

一、经典再研读

经典研读是指要研读一些经典的教育学、心理学、教学论、教育史、教育哲学和相关学科著作。研读经典是教师专业再成长的推进器。要做好如下三件事。

第一，选好读本。目前相关读本很多，要根据自己的需要选择对的读本。读本的选择一要适切。要根据自己已有的知识基础和理论水平做出选择，读书也有最近发展区。二要前沿。要用先进的教育理论武装自己，认识现代教育中的现象和问题，需要理论上的与时俱进。

第二，用心研读。选定经典后，要用心来读。要专心致志，聚精会神。要带着问题读，增强研读的目的性和针对性，提高阅读水平和效益。

第三，读中悟道。读书有三重境界：读字，明义，悟道。读字尚在书外，明义已入书中，而悟道才真正是读书的最高境界。研读经典要从中有新的发现，新的醒觉，新的悟道才是。通过研读教育经典，要悟出教育之道、教学之道、管理之道、研究之道、成长之道。

二、实践再创新

实践创新是指对教育实践的改进和提升。没有创新便没有进步，实践创新是教师专业再成长的加速器。要做到如下几点。

第一，创新教育理念。要树立现代教育理念，真正在教育教学管理实践中做到以德为先，学生为本，能力为重，终身学习。真正做学生锤炼品格的引路人，学习知识的引路人，创新思维的引路人，奉献祖国的引路人需要我们理念先行。

第二，创新教育模式。要根据教育教学和管理任务，依据培养对象、培养目标，形成教育模式并不断创新已有的教育模式，使得教育效果得到优化。

第三，创新教育方法。教育方法有很多，有传统的有现代的，教育方法的选择要科学，还要做到不断创新，以适应教育教学发展的需要。

第四，创新教育手段。经历了蒸汽机技术革命、电力技术革命、计算机和信息技术革命后，我们迎来了第四次技术革命即全智能技术革命。为适应新时代人才培养需要，教育教学需要采用新技术、新手段。

三、问题再反思

问题反思是指对教育理论和实践中的问题进行再思考,从中得出经验和教训以更好地改进实践,也是实践创新的前提条件。问题反思是教师专业再成长的催化器。我们需要做到如下几点。

第一,反思理论问题。教育理论是在教育实践中总结出来又用于指导教育实践的系统化、科学化、理性化的认识。教育理论对教育实践起指导作用,但又受着教育目的、教育任务、教育环境等的制约。通过对相关理论的反思,我们可以进一步升华和丰富理论,这便是一种成长。

第二,反思实践问题。教育教学和管理实践是教师专业成长的平台。但是在实践中我们可能会遇到这样或那样的困难、挫折甚至问题。对这些问题产生的原因和解决对策的反思可以使得我们产生教育智慧,这是一种更有意义的成长。

第三,反思理论和实践结合问题。通过理论反思我们可以提升理论水平,通过实践反思我们可以提升实践水平,但这还远远不够。我们还要把理论与实践结合起来,看结合得怎样,以提升科学施教水平。

四、研究再聚焦

聚焦研究是指在反思的基础上聚焦研究好重点问题、热点问题、难点问题和疑点问题。聚焦研究是教师专业再成长的助跑器。要做到如下几点。

第一,聚焦重点问题。重点问题是影响教育发展的重大问题,比如教育教学和管理规律问题。什么是规律?规律是事物之间内在的本质的必然的联系。教育发展必须研究遵循运用教育教学和管理规律。如教育规律中的受约律、适应律和协调律。教学规律中的主体性、间接性、实践性、教育性、领导性和目的性等规律。管理规律中的管理活动与社会经济政治文化特点相适应的规律,管理活动以人为本的规律,教育过程关注计划、实施、检查、评价的规律以及管理活动由教育规律和管理规律相制约的规律等。

第二，聚焦热点问题。热点问题是业内业外都比较关注的问题，比如立德树人问题。我们教育要立什么德，树什么人，应如何践行社会主义核心价值观，真正将富强民主文明和谐、自由平等公正法治、爱国敬业诚信友善等要求落细落实，真正通过课堂教学和课外活动使得学生将要求入脑入心需要认真研究。

第三，聚焦难点问题。难点问题是指不好解决的问题，如教育教学评价问题。教育教学评价历来是教育中的难点。目前，如何扭转不科学的教育评价导向，如何克服唯分数、唯升学、唯文凭、唯论文、唯帽子的顽症痼疾，如何在此基础上做好结果评价、过程评价、增值评价、综合评价，需要调查，需要分析，需要研究，需要拿出切实可行的方案。

第四，聚焦疑点问题。疑点问题是大家都感觉到困惑的问题，比如教学效率问题。教学效率是一代又一代教育工作者的不懈追求，但是大家发现，尽管我们很努力，我们中小学中无效教学和低效教学还很普遍。这个现象是什么原因造成的？研究一下其中的原因，不断优化教学，就能够使得教师专业再成长。

五、交流再深广

深广交流是教师与同事同行就某一问题进一步相互探讨、相互学习的过程。深广交流是教师专业再成长的孵化器。应做好如下几方面工作。

第一，积极利用平台。教师专业成长离不开发展平台。课堂、讲坛、名师工作室、学习好友群、学术会议、微信自媒体、报纸杂志等都可以成为我们对外交流的平台，利用要充分，态度要积极。

第二，讲好成长故事。有了平台，教师要讲好自己立德、立功、立言的专业成长故事，从中提升自己的概括能力、总结能力、表达能力和对外交往的能力。

第三，悦纳批评声音。与外界交流的过程，是同行互助的过程。它既是传播自己经验的过程，也是听取同行批评建议的过程。在这个过程中我们要善于听取同行的批评反馈，心悦诚服地接受同行的意见建议。

第四，注意取长补短。对外交流时，发现自己在理论和实践方面的短处，注意到别人的优点和长处，就要细心揣摩，认真思考，虚心学习，以不断提升自己的理论水平和实践水平，促进自己的专业再成长。

教师专业成长需经历四个阶段：经师阶段，人师阶段，明师阶段和名师阶段。从经师到名师需要教师专业再成长，需要教师经典再研读，实践再创新，问题再反思，研究再聚焦，交流再深广。

作为导师，我与大家共勉。

目 录
CONTENTS

第一章　与大家共学习 …………………………………………… 1
　第一节　理论多向书本学 ………………………………………… 1
　第二节　经验多向他人学 ………………………………………… 15
　第三节　智慧多向问题学 ………………………………………… 26

第二章　与大家共实践 …………………………………………… 36
　第一节　扎根太行四十年 ………………………………………… 36
　第二节　模式探究面面观 ………………………………………… 43
　第三节　高效教学四统一 ………………………………………… 91
　第四节　三生有幸遇三生 ………………………………………… 93

第三章　与大家共思考 …………………………………………… 101
　第一节　关注成长四阶段 ………………………………………… 101
　第二节　三位一体看发展 ………………………………………… 103
　第三节　境界教育不能偏 ………………………………………… 110
　第四节　队伍管理三宝典 ………………………………………… 113
　第五节　专业成长谈经验 ………………………………………… 116
　第六节　教师当有作品现 ………………………………………… 125

第七节　名优教师多贡献 …………………………………… 128
第八节　面向世界环望眼 …………………………………… 130

第四章　与大家共研究 …………………………………… **135**
第一节　魔力来自教科研 …………………………………… 135
第二节　谈谈写作与答辩 …………………………………… 137

第五章　与大家共交流 …………………………………… **149**
第一节　合作交流天地宽 …………………………………… 149
第二节　教学相长乐无边 …………………………………… 162

第一章

与大家共学习

学习是教师专业成长的前提。学习不仅要向书本学，还要向他人学，向问题学。要在学习中扩大知识视野。

第一节 理论多向书本学

向书本学，重点是学理论。理论可以指导实践，改进实践；可以深化思考，提升境界。学习过程中，我和大家共同阅读，共同悟道，共同提高。

一、真实体悟三境界

我认为，读书有不同的作用、不同的层次和不同的境界。其实，古今中外不少名家都有精辟的论述。

最著名的当是英国哲学家培根的论述。他在其闻名遐迩的《论读书》一文中说："读书足以怡情，足以傅彩，足以长才。其怡情也，最见于独处幽居之时；其傅彩也，最见于高谈阔论之中；其长才也，最见于处事判事之际。"在培根先生看来，怡情、傅彩、长才是读书的三个作用，其实也是读书的三个层次和三重境界。但培根论读书把怡情放在读书作用、层次或境界的第一位，很多人想不通，不明白。究竟是为什么呢？思考来思考去，我们似乎弄明白了：他谈的那是贵族读书！一个人温饱之后无忧无虑全不考虑生计悠然自得地去读书，自然是怡情第一。我们不得不佩服的是，作为哲学家，培根论读书有他的起点和逻辑。他如此论读书有他的见地和哲思，他比我们普通人站得高，看得远，悟得透。

近代学者王国维也曾经谈过读书的境界。他在《人间词话》中说："古今之成大事业、大学问者，必须经过三种之境界：'昨夜西风凋碧树，独上高楼，望尽天涯路。'此第一境界也。'衣带渐宽终不悔，为伊消得人憔悴。'此第二境界也。'众里寻他千百度，蓦然回首，那人却在灯火阑珊处。'此第三境界也。"王国维论读书很著名，很有影响力。他的读书三境界说在我们看来是隐喻，是诗话，是大师之语，是神来之笔。他的三境界说强调的是读书人的视角、视域和视野随着读书的变化而变化。毫无疑问，我们每一个读书人都需经历这三重境界。每一个读书有所求、有所得、有所悟的人对此都会有某种感受和体会。

由此，笔者想到读书其实应该有更加具体的三重真实的境界：求知、探理和悟道。

第一重真实境界：求知。读书首先是为了求知。什么是知识？《中国大百科全书教育》中有关"知识"条目是这样表述的："所谓知识，就它反映的内容而言，是客观事物的属性与联系的反映，是客观世界在人脑中的主观映象。就它的反应活动形式而言，有时表现为主体对事物的感性知觉或表象，属于感性知识，有时表现为关于事物的概念或规律，属于理性知识。"这个定义显然是哲学层面的，比较晦涩。直白一些地讲，从不同角度划分，知识有显性知识也有隐性知识；知识有描述性知识，也有程序性知识；知识有理论性知识，也有应用性知识。我们认为如上知识都可通过读书获得和掌握。不可否认的是，"读书求知"所追求的不仅包含知识，还包含有与知识相关的技能等。从人的发展角度看，"读书求知"无疑是第一作用，第一层次，第一境界，这恐怕是大家所公认的。

第二重真实境界：探理。探求真理是读书的另一个层次和境界。我们要探求的是什么真理?一个基本的认识是,在我们有了世间事物是与不是的基本判断(亦即知识)之后,我们需要对于客观事物发展变化的原理、机制及其规律进行研究和探索,这是发展了的知识,扩展了的知识,这便是对真理的探索。人们认为,真理具有永恒不变的性质和特点,但有相对和绝对之分。我们知道,相对真理与绝对真理是辩证统一的关系,相对真理孕育于绝对真理之中。我们人类的社会实践和思考就是要发现相对真理并逐步接近绝对真理。读书探理就是通过前人和今人的实践和思考来探索未知的真理。我们提出,读书探寻真理,一要坚持探寻客观存在的真理,二要坚持真理一元论,要通过比较、推理、判断、概括、归纳、演绎等不同思维方式探求前人和今人实践中的真理所在并通过实践验证真理。一代又一代的读书人皓首穷经、孜孜以求的正是这种客观真理。以信仰追求真理,以生命捍卫真理,是读书人的又一境界和品格。

第三重真实境界:悟道。悟道是读书的最高境界,是读书人在生命之巅、理想之脊"灯火阑珊处"的一种飞跃,一种跨越。悟道是读书人生命之绽放,精神之涅槃,灵魂之升华。其实,悟道原是佛家语,是指领会佛理,悟道成佛。读书人通过读书要悟出自然发展之道,懂得顺应自然,改造自然;读书人通过读书要悟出社会发展之道,懂得了解社会,适应社会,改造社会;读书人通过读书要悟出人的发展之道,学会理解人生,升华人生,绽放人生。读书悟道,使得人有了与其他动物和事物不一样的状态和面目。能读书又能悟道的人会成为自然精灵、社会精英、人中俊杰。季羡林先生如此,周有光先生如此,他们的读书进入了悟道境界,才成为哲人、大师、楷模,他们具有科学精神,也有人文精神。他们从心灵深处表现出对自然、对社会、对人类的关切之情、悲悯之情、热爱之情。他们主张真善美,强调教育的基本任务就是要让学生在变化万端的世界中在纷繁复杂的事物中明辨是非,懂得善恶,知道美丑。读书能够有如此悟道,才是一种大智慧,大成就,大境界。

读书应有不同的境界。三重真实的境界当是求知、探理、悟道。读书人真正达到了这三重境界，才可称是真正的读书人，才可称是真正智慧和成功的读书人。

二、辨识良莠分益损

指导大家读书，需要对读本进行精选。我们该读什么书，实际是个大问题。

英国哲学家培根在其著名的《论读书》一文中说："读书足以怡情，足以傅采，足以长才。"众公评价，此论精辟之至。

我常常想，培根先生此处所指当是好书，因此，书有良莠之分、益损之鉴。

歌德说："读一本好书就是和高尚的人谈话。"读好书，使人充满正气，变得伟大、崇高；而坏书则坏人心地，使人变得猥琐、卑贱。

托尔斯泰说："理想的书籍是智慧发掘的钥匙。"好书使人明智、启人灵感；而坏书则使人封闭、陷入混沌，是人走向愚昧世界的起跑线。

高尔基说："书籍是人类进步的阶梯，每一本书都是一级小阶梯。我每爬一级，就更脱离兽性，而上升到人类，更接近美好生活的观念。"好书催人奋进，给人以进步的勇气；而坏书则教人堕落，使人坠入罪恶的深渊。

莎士比亚说："书籍是全世界的营养品，生活里没有书籍，就好像没有阳光。"好书是优质的精神食粮，它给人以享用不尽的滋养，使人精神焕发，不断走向辉煌；而坏书却如荼毒砒霜，使人心力交瘁，让人枯骨碎肠。

惠普尔说："书籍是屹立在时间汪洋大海中的灯塔。"好书能使人从迷雾中走向光明，给人指明前进奋斗的方向；而坏书却使人精神迷乱，变成迷途的羔羊。

凯勒说："一本新书就像一艘船，带领我们从狭隘的地方，驶向生活的无限广阔的海洋。"好书使人高瞻远瞩，目光宽广，心里亮堂；而坏书则使人胆小懦弱，鼠目寸光，不能超越自我，难以看到胜利的曙光。

与坏书为伴，无异于与狼共舞，自取灭亡；而与好书为友，则处处得益，天天都能沐浴成功的太阳。

三、读书之道勤琢磨

读书几十年，悟道了没有？当然会有一些体会，我跟我的学生和徒弟讲：无非"痴、持、耻、炽"四字。

一是痴读。众所周知，读书读不出轰轰烈烈来，读不出腾达显贵来，也读不出一夜暴富来，只有淡泊明志，耐住寂寞，一书在手下，情悠悠，意悠悠，专心致志，醉于其中，这书才越读越有长进。

二是持读。读书是件快乐的事情、幸福的事情，但如果朝三暮四，见异思迁，也难以读出书的真谛，难以把握作者的初衷。读书同时又是一件痛苦的事情，如果不是这样，古人何至于"头悬梁，锥刺股"？可见，读书遇到困难时，方显读书人之英雄本色。正像梁启超所说的那样："无论事之大小，必有数次乃至十数次之阻力""其事愈大者，其遇挫愈多，其不退也愈难，非至强之人，未有能善于其终者。"读书需要毅力，需要持久的力量。

三是耻读。读书光荣，耻从何来。笔者的意思是说，读书应怀有愧疚之情，虔诚之心。周恩来曾说过："一物不知，学者之耻。"面对知识的载体——书籍，没有虚心的态度和求知的欲望，怎么能够读有所得，又怎么能够学有所成？另一方面看看别人，对照自己，是否还有不足，是否还有差距？"穷则思变"，只有发愤苦读，你才不会落伍，你才能心安理得地说，你站在了社会发展的潮头上，你是一个地道的现代人。因此，觉耻才会有苦读的动力。

四是炽读。读书需要激情，需要执着，而激情和执着正是来自于读书之中。培根曾说过"读史使人明智，读诗使人灵秀，数学使人周密，科学使人深刻，伦理学使人庄重，逻辑修辞之学使人善辩。凡有所学，皆成性格"。读书能够塑造人，渐渐地，你发现自己变了，没有了昔日的旧你，却有了今日的新你。于是读书的激情变得愈来愈炽烈了。此时，已是欲弃不行、欲罢不能了。书便成了你终日难以割舍的伴侣。

痴读致诚，持读致精，耻读致动，炽读致情，大致如此。

四、为师当学朱永新

朱永新老师是我非常敬佩的老师之一。我觉得，做教师，特别是做成功的教师应该像他那样，有理想，有激情，有情义，有智慧，有创见。

朱老师有理想。朱永新老师在全国倡导并推行新教育实验，教育家刘道玉和陶西平两位老先生都给予了极高的评价。这项实验也得到了全国众多基层学校的欢迎和肯定，实验取得了非常好的效果。在《教育演讲录》中朱老师多次谈到新教育实验，我认为，这是他的教育信念，他的教育愿景，也是他的教育理想所在。对于教师来说，信念引导行动，愿景明确方向，理想则会铸就辉煌。朱老师是我们的榜样。

朱老师有激情。朱永新老师的演讲录篇篇锦绣，字字珠玑。字里行间透出他对教育变革、教育未来、教育创新、教师成长、书香社会、幸福教育、教育公益、素质教育的激情期待。他呼吁，他倡导，他坚持教师和学生要过一种幸福完整的教育生活。这在功利主义教育大行其道的今天，确是一种难得的激情。这种激情是新时代教育发展所需要的。

朱老师有情义。2015年人民教育出版社"特级教师文库"计划出版我的《教师幸福追求之道》一书，社里指定两位知名教育家作序，其中一位便是朱永新老师。朱老师当时特别忙，他又跟我不熟，但当他忙完看了书稿后，马上为我撰写了一篇热情洋溢的序言，并投到《新教师》杂志上发表。后来，他还亲自送我一套他轻易不送人的精装的16卷本《朱永新教育作品集》。随后的几年里，每逢教师节，他都会嘱人给我寄来他的一部新作。每当收到他的礼物，我都会为他的情义所感动。

朱老师有智慧。朱永新老师是学者，也是一位官员。他在教言教，出版了大量的有影响的教育著作,有些著作还被译成多种文字出版,他的教育智慧泽被众多教育同人。他在官言官,无论是在高校任职,还是在政府任职,甚或是在全国政协任职,他都能够利用自己的专业优势为教育事业奔走呼号。提出建议,撰写提案,他一直在以自己的教育智慧推动着中国教育的改革和发展。

朱老师有创见。朱永新老师是个非常勤奋而又有思考的人。他跟我说,他每天早晨都是5点起床开始读书写作思考的,每天一直持续到8点结束,他是天天如此,月月如此,年年如此。我们说,只有如此勤奋的人才会厚积薄发,才能才思泉涌,才有如此多的属于自己的教育思想和创见。

朱老师在《朱永新教育演讲录》一书中提到,做教师当有四种境界:一是要做一个让学生瞧得起的老师;二是要做一个让自己心安的老师;三是要做一个让学校骄傲的老师;四是要做一个让历史铭记的老师。我自己认为,朱老师达到了其中的每一个境界。

所以,我倡导,我们应该像朱永新那样做教师。

五、换个视角看职业

读魏书生新著《我是这样做教师的》一书的部分章节,对教师幸福有了新的看法和新的认识。

第一,教师有双倍的收获。魏书生指出,教育是一种可以给人以双倍精神幸福的劳动。教育的对象是人,是学生,是有思想、有语言、有感情的学生。教师劳动的收获,既有自己感觉到的成功的欢乐,更有学生感觉到的成功的欢乐,于是教师收获的是双倍的,乃至更多于其他劳动数倍的幸福。

教师以教书育人为己任,自己在成长,学生也在成长,这无疑是双倍的成长,双倍的进步,双倍的快乐,双倍的幸福。当一个教师看到学生有了进步,当一个教师在教育教学中取得显著成绩桃李满天下时,喜悦、幸福和收获确实是难以计数的。

第二，教师有境界的提升。魏书生认为，人真正的幸福和愉快是有能战胜自己某些狭隘东西的感觉。当我们以高尚、昂扬、乐观的态度去看待生活时，我们就会生活在高尚、昂扬、乐观的生活之中。

教师以立德立功立言为自己的职业追求，他们的思想境界高于一般世俗的人。这不仅是教师个人修身的需要，更是教师以身作则、师范他人的需要。"贫贱不能移，富贵不能淫，威武不能屈"不仅是口号，也是道德操守。教师不狭隘，学生才大气。教师不低俗，学生才儒雅。教师不消极，学生才昂扬。教师不悲观，学生才乐观。教师是学生的镜子，学生是教师的影子。为了一份责任，为了一个使命，教师需要不断提升自己的思想境界。

第三，教师有仁爱的输出。魏书生提出，人的幸福，主要不是取决于自己得到别人多少爱，而在于他输出给别人，输出给国家、民族多少爱。得到别人许多爱，却不知道爱别人的人，一定是一个欲壑永远填不满的失望者、牢骚者、病态者。自己全身心爱过别人、集体和国家的人，即使从别人、集体、国家那里得到的很少，在心理上也是安宁、满足、自豪、幸福的。

孔子说，"仁者，爱人。"教师是仁者的化身，是爱的使者。可以毫不夸张地说，没有哪一个行业能够像教师一样无怨无悔地对待自己的工作，无私无隐地对待自己的学生。这种爱如春风化雨，润物无声，而且没有任何功利，不求任何回报。有教育家说，没有爱就没有教育。教育从某种意义上说，是教师爱的输出，爱的传播，爱的诠释，爱的宣示。自爱爱人使得教师变得崇高，变得快乐。

第四，教师有精神的享受。魏书生说，幸福不是物质的，尽管它和物质紧紧相连。幸福是精神上的概念。我的体验是：幸福是欲望和需求之间得到了平衡。因此我们每个人应当培养一种社会上可以实现的欲望。比如说我的欲望是做实事。这可以实现，因此，这就容易获得平衡。每做一件实事，便是幸福。

教师的幸福多种多样，最重要的是精神上的充分享受。魏书生做教师、做校长、做局长，实现了自己的人生价值，在盘锦、在辽宁、在全国都影响很大。但读他的书，你会觉得他很平常，平常得感觉他就是我们当中的一员，因为他做过的事情就是我们正在做着的事情。但同时你又觉得他很不平常，你会觉得我们离魏书生很远，我们一生都需要不停地追赶他，才能缩短我们和他的距离。因为他对人生、对教育、对教学、对管理的思考是我们大多数教育工作者所缺乏的。差距在于思考的角度，在于精神的追求。我们确实应该向魏书生学习，淡泊名利，脚踏实地，快乐做人，幸福做事。

第五，教师有心灵的塑造。魏书生说，教师应具备进入学生心灵世界的本领，不是站在这个世界的外面观望，更不是站在这个世界的对面牢骚、叹息、愤慨，而应该在这心灵世界中耕耘、播种、培育、采摘，流连忘返。如果真能这样，那他将感觉到自己日夜生活在幸福之中。

教师是人类灵魂的工程师，是塑造自身和学生心灵的人。魏书生强调教师要守住精神家园，实际上就是守住自己的心灵家园。守住心灵家园就要不为外面的世界所惑，而是要专心致志地一心一意地在教育园地里耕耘和收获，不断地使得自己和学生的心灵得到塑造，得到美化，得到完善，得到升华。这是一种宗教般的修炼，是一种幸福的人生体验。

第六，教师有人生的导引。魏书生强调，应想方设法使学生忙起来，更重要的是让学生体验到忙的乐趣，诱使学生感到忙是一种幸福，一种需要，一种心理上和生理上都离不开的需要，使学生的大脑皮层上产生这种需要的兴奋中心，然后不断加以强化。这是变懒惰的人为勤奋的人，变无用的人为有用的人，变寄生的人为劳动的人的有效办法。

教师承担着"传道授业解惑"的任务，是学生的人生导师。他对学生工作、生活、学习的指导和引领影响巨大。现实生活中，很多学生就是因为教师的一句鼓励、一个示范、一个暗示、一席谈话改变了态度、改变了一生、成就了学业、成就了事业。

魏书生做教师，有实践，有思考，有总结，有悟道，有理论提升，因此他成为拥有职业幸福感的优秀教师和优秀教育管理工作者，但愿我们这些做教师的和学校管理工作者也能从中有所反思，有所收益。

六、学习雨亭善突围

收到天津教科院陈雨亭老师寄来的新作《陈雨亭与学校整体改革》（北京师范大学出版社 2020 年 4 月第 1 版）一书，我推开其他事情专心地花了一整天时间一气读完全书。掩卷长思，感慨颇多，觉得有很多话要说，就不揣浅陋谈谈我的一点心得与体会。

我和雨亭有着相似的求学经历和奋斗经历。雨亭是在山东一个偏僻的山村里出生，我也是农村出生。她自学考试英语本科毕业，我也读过自考英语本科。她曾在企业办的学校里教英语，我也曾在企业办的学校中任英语教师。她通过若干年不懈奋斗考取了硕士、博士，我也是通过艰苦卓绝的学习获得了硕士、博士学位。她博士毕业后专职从事教育研究工作成为研究员，我也在博士毕业后边工作边研究成为中学正高级教师。因此她书中所谈，容易引起我的共鸣。

与雨亭经历相似，但雨亭却做得比我们好得太多。

雨亭是山东人，因此性格里有山东人的直率、豪爽和仗义。我比她年长不少，但在很多方面她对我指导很多，帮助也很大。我们平日经常交流，因此我清楚地知道她每天都在关注什么，都在思考什么，都在研究什么。看了她新近出版的这本书，以下几个方面给我非常深刻的印象。

一是注重自身成长与突围。雨亭注重自己的成长，因此后来才有能力帮助和影响他人。作为女性，她用不断的成长改变了自己一生像祖辈那样单纯围着锅台转的命运，也最终升华了自己的人生。

雨亭读了专科以后到初中教书 8 年，在此期间她开始自学英语本科课程，用她自己的话说，自学改变了她的生活方式。本科毕业后，怀着五个月身孕的她报考了曲阜师大的硕士研究生，并在孩子出生两周前参加了研究生复试。读到这里，我的眼前好似晃动着一个坚韧女性的身影。她的早期成长正好印证了孟子那句名言：故天将降大任于斯人也，必先苦其心志，劳其筋骨，饿其体肤……

从书中得知，读了本科、硕士和博士以后的雨亭并没有停止成长的脚步。到了天津教科院工作以后，雨亭并没有躲进书斋，只是在学术象牙塔里构建自己的什么模式，而是放下身段，走向学校，走向教师，走向课堂。多年来，她的足迹遍布天津、北京、广东、山东、湖北、新疆等地，她在不断地观察，不断地学习，不断地思考，不断地实验，不断地研究，不断地验证自己学到的理论，也就是在这"不断"中不断地成长不断地成功不断地成就着。她发表在《教育研究》等核心期刊上的100多篇文章便是她理论与实际相结合成长路上取得的丰硕成果。于是才有老师这样评价雨亭：她是一位特别善于自我反思并一直坚持自我超越的研究者。她的自我超越为我们树立了一个学习的典范。

二是坚持引领校长成长与突围。我们知道，多年来在应试教育的重压下，校长都是在戴着镣铐跳舞。如何贯彻方针，如何实施素质教育，如何全面育人，如何打破旧有的思维，如何改变旧有的管理模式，如何实现学校新的发展，需要我们另辟蹊径，实现某种意义上的突围。

在这个问题上，雨亭有着自己的思考。她引领校长们从学校整体改革入手，提升学校的办学水平和办学质量，不仅使得校长们迅速成长起来，也使得一些学校焕发了新的活力。

毋庸讳言，学校是一个复杂的社会机构。从系统论、信息论、控制论的角度来分析，要改变学校的现状，整体改革是一剂良方，雨亭抓住了事物的本质和要害。

改革本来就是难事，整体改革难度更大。学校的整体改革牵一发而动全身，该从哪里入手呢？

雨亭在书中提出，学校整体改革需要校长领导方式转型，比如实行价值领导和分布式领导等方式以改进领导绩效。领导方式转型应该是改革的前提。同时，整体改革需要学校成为教育变革的主体，其中学校规模不是质量提升的最重要因素，要确保拥有优秀的教师群体，为每一所学校招聘一位好校长，构建有效的教育质量监督和评估机制。她分析后认为，学校正在由追随者变为创造者，学校的多元对话情境已经形成，学校要采取正确的减负策略等等。我们认为，学校成为教育变革主体应该是整体改革的关键；在此基础上，雨亭提出校本整体改革要坚守课程方案，比如要把坚守课程方案作为校本改革的底线，要重视课程意识的理解和重建，要遵循综合实践活动课程实施中的规律等等。我们认为，坚守课程方案应该是改革取得成功的保障。最为重要的是，雨亭在书中提出了学校整体改革的基本内涵和诸个实践维度并强调要加强学校整体改革过程中的反思能力建设。

　　雨亭提出的学校整体改革方案有理念、有探索、有实践，在全国各地取得了不俗的成绩。一些学校旧貌换新颜，校长们在改革中得到了锻炼，专业管理能力得到了提高，真正实现了某种意义上的自我突围。早在2014年，武汉光谷实验中学校长马国新就撰文赞扬雨亭说：雨亭博士作为一位教育研究者，成长的速度很快。她用了不到六年的时间，已经跻身于国内基础教育年轻学者的前列，《中国教育报》上时常会发表她的教育观点。她正在影响当下中国基础教育一所又一所学校的变革和方向。

　　三是不断引导教师成长与突围。一个优秀的教育研究工作者，只是自己成长是不够的，还要用自己的成长引领和带动其他教师的成长。雨亭是天津市"未来教育家奠基工程"专家组成员，是山东省齐鲁名师建设工程指导专家，她曾任天津市"未来教育家奠基工程"首期学员班主任，她用她的智慧、热情和她的专业、敬业和精业影响了无数个教师的成长。

　　雨亭认为，要促进教师专业成长，应该让教师聚焦学习方式的改变。要让"教师学习"首先发生，比如开展深度主题式研讨课，组织分课型提炼教学模式系列研讨会，进行扩展型现场听课、网上研讨等；其次营造

"教师学习"的校本生态环境，包括主动规范教学行为，树立符合时代需要的"基础观"，学习与运用教育教学规律，校本教研要研究活生生的问题等等。如上这些活动打开了教师的知识视野，提升了教师的理论水平和实践能力。

雨亭认为，基于整体教研改革的学校共同体建设行动研究对于教师专业成长有着重要的意义。在她的倡导下，2014年年初，跨省建立了"卓越高中联盟"，2016年这个联盟由四校联盟改为六校联盟。有了共同的愿景，学校共同体建设开展起来。"卓越高中联盟"活动每年组织3~4次研讨会。每个学科选2名教师参加研讨会，请学科组长尽量参加。每次研讨会2~3天，基本议题是同课异构、教师分组研究成果汇报、全体教师论坛、校长论坛与专家报告等等。在基于针对性研究的共同体建设部分，雨亭和校长们提出要解决三个维度的问题：一是课堂参与度低；二是学科特点不明显，缺乏学科精神；三是教学目标不清晰或者不能很好落实。为此，他们提出，在普遍实施小组合作学习的课堂教学中提高学生的参与度；研究学科精神，根据学科特点选择教与学的方式；教学目标清晰明确，每一个目标都能在教学中加以落实。与此同时，强调学科思维能力培养，主张设计稳定的学习工具等。理念引导行动，正确理念指导之下的教师实践多了几分理性，教师们更为自觉地研究教育教学规律并遵循教育教学规律。

雨亭认为，在教师职后的发展中，教师教育力的养成十分关键。她提出几个维度，如秉持"为素养而教"的教学价值观，确定清晰明确的教学目标，设计能帮助学生自己炼制知识的教学流程，设计稳定的、长期使用的学习工具，营造积极的学习文化氛围等等。教师教育力及其维度的提出对教师专业成长无疑具有十分重要的理论和实践价值。

在雨亭的引导下，无数的教师走出了成长的困惑和困境。成长起来的老师们感叹，"教育研究是芬芳的"，"是雨亭赐予我飞翔的翅膀"，"感谢陈博士，我的渐变，我的成长，离不开陈博士，她是走进我生命中的人"，更有老师借用诗人语句赞雨亭"春风十里，不如你"。可以这样说，雨亭在专业上的引导和付出，赢得了教师们的高度认可和特别尊重。

四是热切关注学生成长与突围。学校是教育人、培养人的场所。但面对巨大的考试压力，我们时常要考虑这样一个问题：在目前这样一种教育生态下，我们怎样才能把学生培养得更好？雨亭长期深入学校，深入课堂，她的思考很超前，很多地方都能给我们以启发。

雨亭认为，我们要为素养而教，应该重视学生的思维能力培养。雨亭的研究不只是停留在理论层面上，而是落实到具体的实践上。她提出，要彻底反思教师培训模式，由课程理论研究者、校长和教师共同组成实践性研究团队，借鉴世界上有影响力的课程与教学研究成果，开发出一套教师使用的、类似于备课模板的备课和教学工具。除了教师使用的工具外，还需要设计学生的学习工具。包括以下四个方面的要求：一是谁在学习；二是学习什么；三是学生怎么学习；四是教师怎么评价学生学习状况。读到这里，我不由得想起著名的泰勒原理。在美国课程专家泰勒出版的《课程与教学的基本原理》一书中，他开宗明义地指出，开发任何课程和教学计划都必须回答四个基本问题：第一，学校应该试图达到什么教育目标？第二，提供什么教育体验最有可能达到这些目标？第三，怎样有效组织这些教育体验？第四，我们如何确定这些目标正在得以实现？雨亭提出的观点符合泰勒原理，工具设计中教育目标、教育内容、教育方法、教育评价的设定都是符合教育教学规律的。

雨亭认为，我们的教育教学和管理要有适度的情怀。她书中提到，真正优秀的校长和老师，都拥有适度超越的情怀。所谓"适度超越"，就是倾听与关心每一个学生，研究与应用教育规律，坚信学校教育能帮助学生打下一生发展的能力基础；就是有立足学生长远的发展来设计当下校本学习和体验计划的勇气；就是有坚持多元智能的观点，设计各种智力、性格倾向的学生都能找到自己所爱的丰富的学校活动的智慧。我们认为，"适度超越"的情怀可以使得我们的学生更加生动活泼地得到发展。

雨亭认为，我们应该把目光转向每一个活生生的个体。她说，每一个活生生的个体的成长状况,既是改革的起点和落脚点,也是评价改革深度和成功度的标准。在学校层面,对所有改革的方案设计、实施过程、方案改进、评估检查等流程的检查与评估,都要落实到培养什么学生,怎样才能培养出这样的学生。学校的创新,不在于设计出别人所没有的特色,而在于如何全面把握自己独特的校情,在此基础上,以民主和科学的方式,设计并实施切实可行的改革方案。过程中所有的努力,都指向每一个学生具体的学校生活质量。我们认为,雨亭的观点极具价值。她的教育中"目中有人"。教育只有把目光转向每个活生生的个体,我们的教育教学实践才能回归教育的本真,学校才能按照规律培养人、塑造人,学生也才能真正跳出功利的应试藩篱,全面、和谐、健康地得到发展。

总之,读《陈雨亭与学校整体改革》一书,你会了解到雨亭的成长经历,学习到她的整体改革观,欣赏到她的行动研究成果和案例研究成果并知晓朋友眼中的雨亭是什么样子。

第二节　经验多向他人学

向他人学,主要学经验。三人行,必有我师焉。要学习他人的精神、境界、胸怀、态度和方法。我的体会文章见诸报纸、杂志,鼓舞了我自己,也影响了无数人。

一、克难面前无困难

杨克难,天津市自学考试毕业生,全国优秀教师。杨克难是个传奇式的人物,不见其人,只闻其名,你会感到一股阳刚之气迎面扑来。见其人,闻其声,观其行,让你觉得他确是一位真正的男子汉———米八〇的个头儿,站如松,坐如钟,处处是军人风度。方正的脸庞,透出慈爱、率直、干练、执拗和刚毅。说起话来,字字铿锵,掷地有声。

老杨的经历颇有些传奇色彩。他拿过锄头，在农村希望的田野里耕耘过；扛过枪，曾是解放军革命大学校中的一员；当过经理，曾在商品世界中漫步徜徉；他任过工会主席，当过书记，做过科长，1985年，在他四十几岁时竟出人意料地辞去了官职，主动请求调入天津铁厂一中任初中政治课教员。怀着乐教之忱，他走上了梦寐以求的讲坛。然而，数不尽的困难横陈在他的面前：爱人重病卧床，生活几乎不能自理；一双儿女尚小，抚育任务完全落在了他的肩头；初为人师，教学经验不足，专业知识匮乏……面对困难，老杨挺起了腰杆。不久，人们见到他的办公室墙上赫然贴上了自己书写的"人是要有一点精神的"大字条幅。他乐观、风趣而又自信地说："困难面前有克难，克难面前无困难！"

工余时间，他洗衣、买米、做饭、悉心照顾妻儿，把家务料理得井井有条。灯下苦读，入校仅两年就硬是通过自学考试拼下了大学专科文凭。他主动请缨，接过一个个差班，他从"爱"入手，尊重爱护差生，工作中求高、求严、求细、求新，采取"定目标、作计划、学名言、树榜样、算时间、议前程、写小结、搞鼓动"等措施，使学生优者更优，淘气包们变了样，为此，十里铁城，万人称道。

多年里，老杨带出了6个先进班集体。其中3个是天津市先进集体。老杨任教9年，数十次获得奖励。他曾被评为厂级劳模、局级优秀党员、市级优秀园丁，1993年又摘取了全国优秀教师的桂冠。

做事需克难，克难是榜样。

二、终身学习看一新

读《中国教育报》，一则通讯报道令我沉思，令我感动：河北省一位耄耋老人石一新70岁报名参加高教自学考试，克服重重困难，历经十个寒暑，终于在80岁高龄时通过了自学考试英文专业本科的所有课程，取得了文学学士学位。

这是一位多么坚毅的老人！多么可敬的老人！

石一新老人老当益壮，不安天命，十年破壁，大器晚成。他的行动印证了塞缪尔·乌尔曼曾经说过的一段话："年轻，并非人生旅程中一段时光，也并非粉颊红唇和体魄的矫健，它是心灵中的一种状态，是头脑中的一个意念，是理性思维中的创造潜力，是情感活动中的一股勃勃朝气，是人生春色深处的一缕清新。"一位年逾古稀之人，老骥伏枥、志在千里、不达目的、誓不罢休，活得如此充实，如此洒脱，如此富有朝气，实在是可敬可叹，也真真令我们当中的一些遇挫而退、见难不前的后生汗颜。

"人是要有一点精神的。"要有什么样的精神呢？一种拼搏的精神、一种奋发的精神。实际上，人生的意义就在于拼搏和奋斗之中。倘若每位国人都能有石一新老人那样的情怀、那样的追求、那样的志向、那样的精神，我们的社会风气何愁不雅正清明，我们的民族何愁不强大振兴。

愿我们的国家多些具有石一新精神的人！

三、问道海迪能借力

身残志坚、自学成才的张海迪自从20世纪80年代初就已经家喻户晓，妇孺皆知了。在我国举办的第六届"远南"运动会上，她是报名参加残疾人SH3级气手枪比赛的第一位选手，也是唯一的选手——因为过度残疾，没有其他人报名参赛，海迪竟没有竞争对手！

没有对手，没有金牌，但海迪的执着、海迪的勇气、海迪的坚强意志早已为她自己铸就了一块光彩夺目的奖牌。

自胸部以下高位截瘫达34年之久的张海迪在病痛的折磨之中以惊人的毅力，靠自学学习了医学知识，为数以千计的患者解除了病痛，发奋苦读、攻克了四门外语；笔耕不辍，写作和翻译了几百万字的作品；完成了硕士课程；经过几个月的刻苦训练，又毅然来到国际体育比赛场上……一位严重残疾的人何以能够做出如此千人赞叹、万人敬仰的业绩？她的力量从何而来？

力从何来？其实从海迪的言谈之中便不难找到答案。海迪曾不止一次说过:"人生活的意义在于奉献。"短短一句话包涵了海迪对人生真谛的深刻理解。海迪的人生态度和成功给了我们许多启示。

首先,直面人生,做生活的强者。人生好似行船,弱者驾驭,即使风平浪静,也有涉不完的险。强者掌舵,没有闯不过的滩。海迪是强者,面对厄运,她不消极遁世,不怨天尤人,挺起胸,昂起头,在人生的坎坷和不平之中不停地搏击着、奋斗着。

其次,笑对人生,做生活的智者。人生是宇宙万象,愚者的视线只会触及阴云虚幻,而在智者的眼中,处处都有星光灿烂。人的一生往往是顺逆交替、悲喜相伴。而在海迪的一生中却有太多的磨难。面对磨难,海迪谈笑风生,乐观向上,她用辉煌的业绩丰富和升华了自己的人生。

最后,挑战人生,做生活的勇者。人生又如攀登险山,懦者却步、举足维艰。勇者无惧、披荆斩棘、步步都是胆。海迪志存高远,不断登攀,轮椅声声,奏出一曲曲动人的成功乐章。也正是由于她不断抗争、勇于进取,她的生活才总是那样充实,她的内心世界才总是那样地波澜壮阔。

以海迪为镜,我们便会有取之不尽、用之不竭的动力,任何艰难险阻都会被征服;以海迪为镜,我们应无私为人、勤勉治学、脚踏实地、不断向前。

四、身影力量最无穷

几十年来,我的眼前一直晃动着一个病残姑娘的身影。

那是在1984年12月的一天上午,天津外国语学院电教大楼语言实验室内,300多名自学考生在静静地等候英语听说课程的考试。坐在他们中间,我很是为自己鸣不平,单位在太行山区,来津考试往返要1000公里,这样的学习条件恐怕绝无仅有。然而,我完全错了。开考前10分钟,一位汗流满面的姑娘由一位女士从轮椅上扶起,让人背着走进了考场。听人说,那姑娘是自己摇轮椅赶了十几里路来参加考试的。望着她们,我沉默了,开始为自己刚才的想法感到汗颜。一个四肢健全的五尺汉子,竟不如一位病残的弱女子！此时，我知道了意志对于人的真正含义。

自此以后，我再也没有见过她，也始终不知道她的名字，但她那种不向命运低头、乐观对待人生的精神却一直印在我的脑海里。

说来也巧，那次听说课考试，由于我过分紧张，准备欠佳，最终以4分之差未获通过。这可是我个人考试史上第一次遭到的败绩啊！这次挫折对于我可说是一次不大不小的考验。一想到那1000公里路程，我真想就此退却下来。可一想到那位残疾学友坚强不屈的身影，我又一次感到惭愧不已。于是，1985年我又义无反顾地踏上了北赴天津的火车，并最终通过了当年的听说课考试。

就是这样，十几年来，我悄悄地把一位并不熟识的学友当作自己的榜样。在这榜样的激励下，能够在学习和工作中勇攀高峰，奋斗不止。

当我1985年顺利地通过天津市自学考试英语专业专科考试时，我只是将它当作是另一学习过程的起点，又马不停蹄地向本科冲击。经过几年的艰苦跋涉，终于在1988年顺利通过考试，成为天津市高等教育自学考试英语专业第一个本科毕业生，并获得文学学士学位，之后又相继取得硕士和博士学位。

回顾过去走过的路程，总也忘不了我一直视为学习榜样的那位残疾姑娘。在此，我要深情地说一声：感谢你，身残志坚的姑娘！

五、名师大家引我行

作为教师，我们是在不断成长之中的。成长之中有痛苦，有欢乐，有感悟，有成就。我个人感觉，最关键的是，教师的成长离不开名师的引领。

在和同事们交流时，我常常讲起教师成长需要向名师学习。同事们常常问我，向名师学习什么呢？我想豁达、大度、宽容、善良、勤奋、智慧是必不可少的。这些品质对于做个小教师有益处，对于立志做大教师的更有益处。

一看豁达。豁达当指心胸开阔。我们做教师的，应该有这样一种心态，这样一种境界。这心态、这境界不仅关乎我们现时的幸福，更关乎我们未来的幸福。著名教育家、我国教育界的活化石吕型伟教授曾经讲过这样一个故事：1996年他感觉身体不舒服，就到医院做了一个检查。医生发现他的大脑里面长了一个肿物，需要手术摘除。吕教授笑着说，医生施行完手术，用盐水洗了洗大脑，大脑进水了，可奇迹发生了。原来掉发处又长出了黑发，原有的老年斑退掉了，花了的眼睛不花了……真得要让医生们好好研究一下这个病历，也好为民造福。您看看，先生遭遇这样的事，仍然不以物喜，不以己悲，超然身外，心向黎民。这样一种开阔的胸襟不仅使先生渡过了现实健康危机，更使先生成为一位世纪老人。豁达使人顺时警省，也使人逆时能够超脱从容。

二看大度。大度应指气量宽宏。心胸狭隘、睚眦必报、自以为是、以邻为壑的人做不成合格教师，更不可能成为优秀教师。大度使得我们环境优化，关系和谐，合作愉快，成果共享。记得《北京日报》曾报道过我的导师、著名教育史学家王炳照先生的事迹。说有一次先生组织一个全国的学术会议。他早早来到会场。接待的第一位到会者是来自外地的年轻教师。那位年轻教师认定先生就是大会服务人员，于是开始抱怨路途劳累。先生笑眯眯地听他发着牢骚，又按照年轻人的指令端来一杯杯水。会议开始了，年轻人一看大会主席竟是刚才为自己服务的那位老人，而且这老人就是他自己非常仰慕的王炳照先生！先生大家风范，我们这些作学生的确有"仰之弥高，钻之弥坚"之感。跟着先生做研究，除了学术上的收获，我们更多的是感受到了先生那种对人对社会的大度和雅量。

三看宽容。宽容意指宽大容人。宽容是一种心境，更是一种品性，还是一种品德。宽容对于学生教育尤为重要。没有宽容，学生发展就没有空间，也没有机会，没有起点，没有平台。记得《中国教育报》报道著名心理学家、北师大教授林崇德先生的事迹时记载了这样一个故事：林先生对学生很宽容。他总是以发展的眼光看待自己的学生。容忍他们的暂时粗心，暂时木讷，暂时落后。有一次他让一个博士生去寄一封信。过了一会儿学生慌慌张张回来了。林先生问怎么了，他说先生您重写吧，信让大风给刮跑了。先生并没生气，又重新写了一封。一会儿学生又回来了。先生问他寄出了吗，学生回答说，还好，这回信没让大风刮跑。先生问找回的钱呢，学生说买冰棍吃了。林先生对于这样的学生仍然疼爱有加。这个学生博士毕业后成了一所著名大学的学科带头人，由于科研能力强，每年能够为学校争取到几百万元的科研经费。其实，林先生对学生的宽容是一种对人性的理解，也是一种对后生晚辈的大爱。没有这种理解，没有这种大爱，还要教育做什么呢？

四看善良。善良应是"己所不欲，勿施于人""己所有欲，勿损他人"。我想，古代教育家把达于至善看作教育的最高准则和最终目的是有道理的。有了善，一个人才能毫不利己，专门利人。才不至于违法乱纪，坑蒙拐骗，杀人越货，作奸犯科。善使得政治得民心，经济得振兴，文化得繁荣，教育得发展。已故的国学大师季羡林先生生前很爱荷花。他在北大朗润园亲手栽种的荷花北大人尊称为季荷。有一天一位学生陪他去看季荷。望着那绿油油的一湖季荷，学生对季老说，您看这荷叶长得多好啊！季老若有所思地说，好是好啊。可做人不能这样，自己活，也得让别人活啊！原来荷叶茂盛的地方，其他植物就没有生存的空间和机会了。季老借景言志，抒发胸臆，关注民生之情，善待民众之怀，令人感动不已。是啊，我们教育出来的孩子如果不关心社会疾苦，不能主动亲近民众，不能为百姓造福，他们就是学富五车，才高八斗，又有何用？教师有善言善行，学生才会言善行善。教师是人类灵魂的工程师，应该在这方面成为学生的表率。

五看勤奋。勤奋应指勤勉奋进。"不花气力，不能成事"。"一分辛劳，一分收获"。任何人要想在某个领域有一番成就，不勤奋，不努力，不拼搏，鲜有成功的。季羡林先生通晓十几种外语，学贯中西，但他的勤奋是有口皆碑的。季先生是北大朗润园里起得最早的人，因此他屋里的灯也始终是北大凌晨亮得最早的一盏灯。季先生一生勤奋，是我们后学老老实实学习的榜样。我想，老先生们之所以能够成才成家与他们的勤奋和努力是分不开的。我记得我在北京师范大学读博士时，每次在学校一打电话，不论是节假日，还是星期天，早上八点至晚上七点，我的导师王炳照先生一准是在办公室里读书、看论文。我们都钦佩先生的学识，佩服先生的记忆，可先生总是谦虚地说，其实人与人没有那么大的差距。他的意思是人和人有差距，但这个差距没有大到教育和学习不起作用的地步！勤能补拙，勤能成事，勤能成就事业，勤能成就伟业。做教师的懂得这个道理，并把这个道理传给学生，会使他们受益终生。我时常想，做个勤奋的教师，带一批勤奋的学生，也是人生的一大乐趣。

六看智慧。智慧概念宽泛，当指人们认识和改造世界的根本方式和方法。教师应该具有教育智慧，也就是应该有认识教育现象和解决教育问题的方式方法。教育是培养人的一种社会实践活动。教育涉及世界观、人生观、价值观、方法论等方方面面。因此做教师的不能为教学而教学，为教育而教育。教书育人，需要人生智慧，教育智慧，教学智慧，管理智慧等。其中人生智慧是首要的智慧。著名教育改革家魏书生说"人"字笔画一长一短，说明人有长处有短处，安身立命需要相互学习、取长补短；笔画一上一下，说明人生有高潮，有低谷。人生出于高潮时应不自傲，处于低潮时应不自卑，常守泰然自若的心态很重要；笔画相互交叉，说明谁也离不开谁，需要相互支撑，相互合作。他还说，人活一世，态度决定成败，也决定心情。比如，你把别人看作魔鬼，你就生活在地狱里。你把别人看作天使，你就天天生活在天堂里！这实际上已经超出了教育智慧的范畴。这才是人生的大智慧，其实不仅教师需要这种智慧，其他各行各业的人是不是也需要这种感悟和智慧呢？

回顾来看，几十年里，自己时时刻刻处处都在名师的这种引领中努力着，奋斗着，思考着，成长着，快乐着。

六、亦师亦友同进步

李艳霞老师把她的《我的教育实践与思考》一书的初稿交给我，嘱我给她写个序，我欣然同意。

之所以欣然同意，不仅因为她曾是我工作室的徒弟，更是因为我赞赏艳霞多年努力成长的脚步和她取得的成就。

艳霞是努力的，从书中可以看出她的努力是多方面的并且是富有成效的。读过这本书，我们从中或许能够得到很多启示。

1. 艳霞努力地学习着

教师专业成长，有很多决定性因素，首要的便是学习。学习是前提，没有学习，专业成长只能是水中月雾中花。艳霞在学习中不仅注重向书本学，还注重向他人学，善于从他人身上汲取奋进的力量。

她重视向书本学。艳霞原始学历并不高，为了做个合格而又优秀的语文老师，她一边工作一边刻苦自修，孜孜不倦地用十几年时间读完了大专读大本，学了中文学教育，后来又有幸成为天津市未来教育家奠基工程第三期学员，参加了更为专业的研修。艳霞的努力学习为后来的专业成长奠定了坚实的知识和理论基础。

她重视向他人学。艳霞说她的第一任老师是她的父亲。父亲是一位参加过解放战争，经历过4年战争洗礼的军人，也是一位从事了三十余年教学工作的一线教师。她从小听着父亲的人生故事长大，父亲勤奋坚韧的性格，慈爱隐忍的胸襟，简朴好学的品质对她一直影响至今。她后来考入保定师范学校，老师们诲人不倦，循循善诱，从老师们身上她学到了教育工作者的境界、品德、责任和担当。工作中她注重向同仁们学习，我们从书中可以读到她对许多教育同行实践和理论的解读和思考，这些解读和思考升华了她对教育的理解和认识，为她在工作中理性地分析问题、解决问题提供了理论支撑和经验支持。

2. 艳霞努力地实践着

教师专业成长,学习是前提,实践则是基础。没有实践,成长便是空谈。艳霞有着丰富的实践经验,她是语文教师,做过班主任,做过教科室主任,现在是天铁第一小学教务主任,她在各个岗位上都得到了历练。

作为教师,她努力探索语文课堂教学模式、语文学科素养培育和语文教学的基本策略和方法,十分关注学生兴趣培养,特别是对作文教学有非常独到的经验;作为班主任,她注重学生的自立、自理、自强和自主发展教育,她带的班级学生情绪积极,精神面貌好;作为管理工作者,她协助校长抓学校文化建设,构建学校幸福教育模式,重视课堂教学管理,重视学困生转化,重视问题生教育。在老师们的协同努力下,学校的教育教学质量一直名列天铁同类校前茅。毋庸讳言,这些成绩里面有艳霞老师的一份贡献。

3. 艳霞努力地思考着

教师专业成长离不开反思。孔子说,"学而不思则罔,思而不学则殆",学习是前提,实践是基础,反思则是激励。没有反思,就没有创新,就没有改进,也就没有进步。艳霞的反思体现在方方面面。

作为教师,她反思课堂教学模式优在哪里劣在哪里,反思教学本来应该是什么色彩,反思作文该如何表达生活,反思怎样教孩子学会审美、学会倾听,反思学科教学如何预设如何生成;作为班主任,她反思如何将学校教育、家庭教师和社会教育融为一体改进班级管理工作;作为管理工作者,她反思如何协助学校浓厚学校文化氛围,如何推动文化革新,如何借鉴他地他校他人经验,办好人民满意教育。艳霞的深刻反思为她优化课堂教学、优化班级管理、优化学校教学管理、推动各方面工作创新提供了动力、创造了条件。

4. 艳霞努力地研究着

教师专业成长,研究是保障。没有研究,特别是没有对规律的研究,没有对方法的研究,教学和管理不可能取得应有的成效,教师自己也不可能得到成长。

艳霞在工作中重视研究工作,并且能把研究工作做到细微之处。宏观上,她研究教师素质,研究教学思想,研究教学态度,研究教学价值取向;微观上,她研究高效教学达成,提出作文"三有"要津,即怎样使小学生作文内容具体、言之有物,怎样使小学生作文做到条理清楚、言之有序,怎样使小学生作文达到文从字顺、言之有力,非常具体实用。除此之外,书中用很大的篇幅论述了学校教学管理模式和学生管理方法,并对家庭教育有着非常独到的见解,其中一些成功的教育案例令人耳目一新。

5. 艳霞努力地成就着

教师的专业成长一定会有作品呈现。据我观察,教师专业成长的作品至少应该包括:带出一个优秀班集体,教出一批好学生,提出一个正确的教育理念,创建一个行之有效的教学模式,总结一套成功的教学方法,撰写一篇自己满意的文章,另外要把自己的孩子这独一无二的作品塑造好。

艳霞努力成长中的作品是丰盛的。她从事班主任工作多年,所带班一直连续被评为三好班集体或优秀中队;三十二年来她一直坚持耕耘在教学一线,桃李满天下;任教科室主任和教务主任后,重视学校幸福教育模式研究和教学模式等课题研究,所写文章多次发表在国家级和市级报纸、杂志上;由于教育教学教研成绩出色,先后被授予天铁教委优秀德育工作者、十佳教师、三好班主任、青年岗位能手、河东区教育科研先进个人、河东区名师、河东区教育局名师工作室领衔人、天津市优秀中队辅导员等光荣称号。她是天铁教委第一届优秀教师、首届标兵教师、首届"最受学生欢迎的老师",并成为天津市未来教育家奠基工程第三期学员。作为妈妈教师,艳霞在努力做好本职工作的同时,孝敬老人,相夫教子,儿子教育得十分出色。孩子高中毕业后成功地考入全国重点大学,大学毕业后得以成为单位的技术管理骨干。

知性、文静、儒雅的艳霞爱教育、爱学校、爱学生、爱读书、爱写诗、爱生活、爱旅游、爱家庭,跟她在一起研修的一位名师这样评价艳霞：文静坚韧，温婉如玉。无疑，这是几十年如一日刻苦修炼的结果。

与艳霞亦师亦友多年，我在她身上学到很多东西，我也非常赞赏她努力成长的脚步。

第三节　智慧多向问题学

向问题学，主要是学智慧。教育过程中的问题形形色色，纷繁复杂，要学会分析问题、解决问题，增长教育智慧和教育能力。

一、三生教育应重视

2020年初，新冠肺炎病毒悄无声息、凶恶异常地闯进了人类的生活，一下子打破了人们日常生活的平静和安宁。疫情之下，学校教育首当其冲，正常的教育教学秩序被打乱，许多新情况新问题前所罕见，闻所未闻。面对疫情，开展"三生教育"，非常必要也很重要。

何谓三生教育？三生教育即生命教育、生存教育和生活教育。这三者之间具有一定的逻辑关系，其中生命教育是前提，生存教育是关键，生活教育则是目的。

我们先来看生命教育。生命教育的提出和发展经历了一个比较长的历史过程。梳理资料发现，1968年，美国学者杰·唐纳·华特士首次明确提出生命教育思想。之后，美国加州创建了阿南达村、阿南达学校开始倡导和践行生命教育思想。到1976年美国有1500所中小学开设了生命教育课程，20世纪90年代美国中小学的生命教育基本普及。随后，日本、英国、我国的台湾、香港等地区竭力倡导生命教育，开始建立各种学术团体，着手对生命教育进行研究。中国2010年颁发《国家中长期教育改革和发展规划纲要2010—2020年》，文件明确指出，要"重视安全教育、生命教育、国防教育、可持续发展教育"。这一纲领性文件的贯彻和实施，使得我国学校的生命教育有了一个良好的开端。

什么是生命教育？中国人力资源和社会保障部就业培训技术指导中心于2012年5月推出的职业培训课程《生命教育导师》中指出：生命教育，即是直面生命和人的生死问题的教育，其目标在于使人们学会尊重生命、理解生命的意义以及生命与天人物我之间的关系，学会积极的生存、健康的生活与独立的发展，并通过彼此间对生命的呵护、记录、感恩和分享，由此获得身心灵的和谐，事业成功，生活幸福，从而实现自我生命的最大价值。这一定义全面而完整，对我们理解生命教育很有助益。我们认为，三生教育中，生命教育是前提。没有生命，一切都无从谈起，一切都没有意义。生命于人，于自然甚至于宇宙都意义重大，重大得我们就是如何强调、如何重视都不为过。疫情之下，生命教育应该成为学校第一必修课。

如何进行生命教育？我们认为，生命教育应该能够帮助学生认识生命，珍爱生命，尊重生命，绽放生命。首先，认识生命。要让学生了解，人的生命具有多重属性，其中最主要的是自然属性和社会属性，社会属性是人最主要、最根本的属性。疫情是教育的一个契机。一些学校通过媒体宣传、专题讲座、故事讲述等活动让学生深刻认识到人类生命的脆弱和坚强。其次，珍爱生命。要让学生知道，生命属于人只有一次，每人都是一次出生，一次死亡，不论贫富，概莫能外。所以，生命高于一切，大于一切，重于一切，弥足珍贵。帮助学生理解这些，学生就会自觉地提高安全防范意识。再有，尊重生命。要让学生理解，每个人的生命都是平等的，都应该受到尊重。我们每个人不仅需要尊重自己的生命，还要学会尊重他人乃至其他物种的生命。尊重生命的教育使得学生充分理解了天人合一、人我合一、身心合一的现实意义和长远意义。最后，要绽放生命。要让学生懂得，人的生命可以分为三种形态：一是人的生物性生命，二是人的精神性生命，三是人的价值性生命。比如，有的学校通过微课、专题讲座和学科教学讲口罩的使用、讲病毒的知识、讲核酸的功能、讲防疫的常识、讲生命的原理，讲科技的作用、讲责任的担当、讲制度的优势、讲文化的力量，让学生在疫情中懂得如何保护生物性生命，如何升华精神性生命，如何绽放价值性生命。

我们再来看生存教育。有资料介绍，1972年，埃德加·富尔任主席的国际教育发展委员会向联合国教科文组织提交了题为《学会生存：教育世界的今天和明天》（以下简称《学会生存》）的调研报告，供组织及其会员国在制定教育策略时参考。该报告发表后迅速产生重要影响，两年内相继被译成33种文字在世界各国出版发行，成为20世纪最具影响力的教育著作之一。自此，生存教育开始受到重视。

什么是生存教育？有专家给出了明确的定义：生存教育就是通过开展一系列与生命保护和社会生存有关的教育活动和社会实践活动，向受教育者系统传授生存的知识和经验，有目的、有计划地培养学生的生存意识、生存能力和生存态度，树立科学的生存价值观，从而促进个性自由全面健康发展，实现人与自然的和谐统一的过程。我们认为，三生教育中，生存教育是关键。没有高质量的生存，生命就会枯萎，生活就会凋零。

如何进行生存教育？从如上定义不难看出，生存教育的关键词是生存知识、生存经验、生存意识、生存能力、生存态度和生存价值。疫情之下，一个人要想在自然世界和人类社会中生存下去，需要具备足够的生存知识和经验，特别是要树立生存意识，努力培养生存技能和能力，保持积极的生存态度，努力求生存、求发展、做贡献，最后成功地实现自己的生存价值。面对严重的疫情，要保障自身生命安全，保障家人生命安全，保障日常生活所需，保障教学效率和效益，保障学生身心全面、健康发展，需要教师的引导和教育。对学生而言，居家防护是一种生存，"停课不停学"也是一种生存。我们注意到，学校安排教师网上教学，组织学生网上学习，科学进行教学评价，保证教学进度和质量。同时鼓励学生帮家长网上购物，跟家长学习烹饪技术、栽培技术等。学生在学习中对特殊时期特殊的生存环境和方式有所适应，并逐步地掌握了一些生存的知识和技能。这不仅让他们和家人渡过了眼前生存的困难，还为他们未来的生存积累了宝贵的经验。

最后再看生活教育。在民国时期，人民教育家陶行知先生就提出"生活即教育"，强调教育要同实际生活相联系。他主张"在生活里找教育，为生活而教育"。陶行知的理论告诉我们，生活教育是促进学生全面发展最直接最有效的途径之一。

什么是生活教育？简言之，就是来自生活、为了生活的教育。一方面在生活中进行教育，另一方面为了更好地生活进行教育。我们认为，三生教育中，生活教育是目的。一个学生无论取得多大成就，其当下和未来所要面对的是实际的生活，尤其是社会生活。我们在生活教育中，要不断地引导学生了解社会、适应社会、融入社会，不断地促进自身发展，不断地促进自身的社会化。要让学生知道，只有积极地了解社会、适应社会、融入社会，他将来才有能力和机会去改造社会。

如何进行生活教育？生活教育，重在生活能力和生活方式的培养和教育。疫情之下，一方面需要指导学生提升生活能力，要在财力、体力、精力、方案、措施、方法上保证和满足每日正常生活所需。另一方面需要帮助学生改进生活方式。实事求是地讲，如何在疫情暴发宅处时还能正常地学习、锻炼、交流、交往、快乐舒适幸福地生活对每一个人包括成人都是一种实实在在的检验和挑战。有了生活能力，学生才能在未来的社会中自立、自理、自强。有了正确的生活方式，学生就能够在任何生活环境中都可以尽可能地享受到生活的快乐和幸福。我们注意到，疫情之中很多学校生活教育做得有声有色。特别是复课以后，学校教育学生要讲求个人卫生、环境卫生、按照要求测体温、戴口罩、勤洗手、勤锻炼、如实报告接触外来人员情况、校内校外适当保持社交距离、培养三五个好的生活习惯等等。如上一系列活动和要求使得学生生活能力得到提升，健康的生活方式也逐步形成。

疫情发生以来，三生教育得以渗透到学校的德育、学科教学和课外活动之中，做到了"随风潜入夜，润物细无声"，学校得到了成长，教师得到了成长,学生得到了成长。相信随着三生教育的进一步深入,将来的学校一定会有更多的教育成果呈现。

二、课题研究看变革

课题研究对人是一种历练,是一种提升。

2005—2008年,我以中小学英语课程、教材、教法百年变革作为自己的研究课题。能够承担这一课题的研究对我来说多多少少是一种幸运。2005年,我幸运地考入北京师范大学攻读博士学位,幸运地师从我国著名教育史学家王炳照教授,幸运地如期完成中国教育史专业的学习,幸运地能够以英语语言文学专业和中国教育史专业知识为依托从事中小学英语课程、教材、教法的研究。

我在研究过程中始终得到了恩师王炳照先生悉心的指导。我能够师从先生说来是个缘分。我在20世纪90年代初任天铁二中教务主任时偶然读到了中国教育史学界名家毛礼锐先生编写的《中国教育史简编》,学习英语的我竟对教育史产生了浓厚的兴趣。自此我十分关注这一学科,及至1997年我入天津师范大学学习课程与教学论专业时,有幸读到王炳照、阎国华两位先生主编的《中国教育思想通史》(1-8卷),更是受益匪浅。我当时想,要是能够见上先生一面,听先生讲一讲课,那该多好!"有志者,事竟成。"后来,我不仅见到了先生,听了先生的课,并且还做了先生的学生。先生的慈祥、大度、宽容、勤奋、严谨、博学,不仅让我学到了书本以内的知识,更让我学到了书本上永远也学不到的知识。

研究过程中我做了大量阅读,记下了30万字的读书笔记,并分类作了资料卡片。这些卡片将是本课题后续研究的宝贵资料。在此我要向为我的研究提供丰富史料的诸位前辈和学者致谢。他们是:季羡林先生、付克先生、李良佑先生、周流溪先生、张正东先生、章兼中先生、田正平先生、卫道治先生、束定芳先生、刘道义先生、王蔷先生、群懿先生、冯克诚先生等。是他们的先期研究给我的研究提供了许多启示和借鉴,我的研究如果说能够多少扩展一些、深入一些的话，他们的功劳是不可抹杀的。

从师范学校毕业到现在的几十余年里，我几乎没有休过一个节假日，所有的闲暇都用来读书、研究、写作了。年逾古稀的老父亲知道我是孝子，家里有事怕我分心不肯打扰我，他默默地关注着我的一个个小小的进步；妻子几十年如一日地默默地支持着我，她自己工作很出色，还承担起了几乎是全部的家务，使得我能够全身心地投入到工作、学习、研究中；令人羡慕的是，我的所有领导都很支持我的学习。集团公司领导为我进入北师大学习提供了时间和交通上的便利，并多予我精神上的鼓励，常常让我感动不已。我之所以能够多年坚持学习，与家人和领导的支持是分不开的。若没有他们的支持，我能够顺利完成一个又一个学业是不可想象的。

因此，我向前辈们、老师们、领导们、同事们、家人们表示衷心的感谢！

人们常说，人如其名。人的名字里有什么，心里就有什么。心里有什么，他就会朝那个方向去努力。我的名字里大概寄予了父辈太多的希望。知情人都知道我的人生之路、求学之路非常坎坷。是一种坚持、一种坚韧让我长大成人，做了教师，做了特级教师，做了大学兼职教授、硕士生导师；成为学士，成为硕士，在过了"不学艺"的年龄时又考入人人景仰的北京师范大学做了博士生。二十余年自学我学了四个专业：科技英语翻译专业，英语语言文学专业，课程与教学论专业和中国教育史专业。我用我的行动诠释了"不花气力，不能成事"的真理性。魏书生赞叹说：自强不息，方能鹏程万里。我很欣慰，我为我的孩子、我的同事们、我的学生们树立了一个勤奋好学的榜样。不论成就大小，我都感到高兴，因为我们自己甚至全人类都永远需要这种坚持不懈、百折不挠的精神。

"路漫漫其修远兮，吾将上下而求索。"学无止境，研究也没有止境。英语课程、教材、教法变革研究特别是百年史研究困难不少，难题很多。两年多的研究，不仅是在我的手里诞生了一篇论文、一部《中国中小学英语课程教材教法百年变革研究》书稿，更重要的是，我发现身为一位中学特级教师、师范大学兼职教授和硕士生导师自己要学习、要研究的东西还有太多太多。我会以此为起点，会更加努力地学习、工作、研究，将来会以更多、更完善的成果来报答关怀、教育我的老师们和关心、支持我的家人以及领导们。

《中国中小学英语课程教材教法百年变革研究》一书得以在光明日报出版社出版，并收录到中国书籍出版社"学术之光"文库中，自鹏深表感谢，在此，我也非常感谢人民教育出版社副总编、资深英语教育专家刘道义女士为鼓励后学欣然为我的拙著作序。

三、教材研究更专精

我和同事王志强、刘丽英、高秋舫历经三年，付出极大辛劳，终于拿出了《中国中小学英语教材史——清末、民国卷》这本小册子，算是了了多年的一份心愿，又为中国史学研究做了一份贡献。

细说起来，这份心愿源自几个方面：一是我在做"中国中小学英语课程教材教法百年变革研究"课题时，由于条件所限，没有看到多少清末民国教材的实物，只能用文献法进行研究，所以有很多缺憾；二是参与人民教育出版社百年教科书梳理课题研究时受到同行们的启发，有了再深入研究的冲动；三是2015年在天津结识了老课本收藏家李保田先生，在他那里见到了将近千本清末、民国英语教科书，感到非常震撼。于是，与同事们果断做出决定，写一本中国中小学英语教材史（晚清、民国卷），作为一份心意，奉献给全国的英语同人们。

这本书有如下几个特点。

一是史料充足。我们的研究是在前辈和同行们的研究基础上的再研究。清末民国中小学英语教材有很多名家和学者在研究中有所涉及或有专门论及，如民国时期周予同等人编写的《教材之研究》（上海商务印书馆，1925）等，新中国成立后，付克编写的《中国外语教育史》（上海外语教育出版社，1986），李良佑、张日晟、刘犁著的《中国英语教学史》（上海外语教育出版社，1988），季羡林等编写的《外语教育往事谈——教授们的回忆》（上海外语教育出版社，1988），王建军著的《中国近代教科书发展研究》（广东教育出版社，1996），张正东著的《中国外语教学法理论与流派》（北京科学出版社，2000），毕苑博士论文《近代教科书研究》（北京师范大学，2004），张英著的《启迪民智的钥匙——商务印书馆前期中学英语教科书》（北京科学出版社，2004），李传松、许宝发著的《中国近现代外语教育史》（上海外语教育出版社，2006），吴小鸥博士论文《清末民初教科书的启蒙诉求》（湖南师范大学，2009），陈自鹏著的《中国中小学英语课程教材教法百年变革研究》（光明日报出版社，2012），孙广平博士论文《晚清英语教科书发展考述》（浙江大学，2013），吴驰著的《清末民国中小学英语教科书研究》（湖南师范大学出版社，2014），石鸥著的《百年中国教科书书忆》（知识产权出版社，2015）以及部分学位和期刊论文。我们的研究借鉴和引用了同行们大量的研究成果，使得我们的研究能够大胆假设，据实论证。

　　二是分析细致。大量的教材实物使得我们细致分析成为可能。过去在没有接触教材实物的情况下研究教材有时不得不鹦鹉学舌、人云亦云。有时还会以讹传讹，误入歧途。有了大量的教材实物，一分史料说一分话，分析上可以做到细致入微。感觉不满意，推敲一下，思考一下，讨论一下，论证一下，可以修改，可以矫正，可以完善，可以提升，甚至可以否定推倒，从头再来。书中选取部分原汁原味的课文进行了举隅分析，把每个编者教材的特点都分析得鞭辟入里，十分细致。比如大家一直赞叹不已的《华英初阶》一书，我们既有赞扬，也有批评。本书在教材分析中说，《华英初阶》一书具有很多优点，但也存在一些明显的不足。第一，英汉双语并排，便于学生学习。第二，重视语音学习，讲究梯度渐进。第三，内容原文照搬，脱离国内实际。第四，宗教色彩浓厚，服务教会宣教。教材分析以实际课文为蓝本，以彼时社会为背景，以教学规律为依据作了实事求是的分析和评述。这些分析和评述对于他人后续的研究将具有理论价值。

三是信息全面。尽管拥有大量的史料和研究的便利,老教材的研究也不可能如鱼得水。一是时代久远,有些编者的信息已经被岁月淹没,曾经出版发行过的教材已经不复存在;二是一百多年来英语教材出版社、编者、种类、版次繁多,要理出个头绪还真是一种挑战。几位编者不畏艰难,东奔西跑,翻古籍,查网络,做访谈,拍照片,竭尽全力,力争找到更多的信息。根据已有的资料,尽量搜集了每一位编者详细的信息,编辑过程中反复校对,去伪存真,对大部分编者的生平及其对教材建设的贡献都做了描述,对有的编者还撰写了有关轶事,极大地增加了本书的可读性和趣味性。书中对晚清、民国教材建设的各个历史阶段中各个出版社曾经出版发行过的几乎所有的教材作了列表,应该说差不多囊括了所有相关著作中列举的中小学英语教材,集腋成裘,本书应是集大成者。我们认为,这项成果应该归功于李平心教授和所有教材研究者先前的挖掘、搜集和梳理,我们的研究集中了大家的劳动和智慧,我们的努力将会被证明是非常有价值的。

四是角度新颖。史学研究的价值在于发现、梳理和创新。我们在研究中对发现的问题做了必要的梳理,在教材建设的历史分期和内容衍变轨迹两方面做了创新性的研究。本书把教材建设分为四个历史阶段:一是萌芽期(1862年以前);二是启动期(1862—1911年);三是发展期(1912—1922年);四是自立期(1923—1949年),并以此分章论述。在此基础上,又对教材内容衍变轨迹进行了学理分析。本书提出晚清、民国中小学英语教材衍变轨迹为:从用到文,从文到语,从语到育。一条衍变轨迹描绘了英语教材产生的经济、政治、文化等方面的背景,揭示了英语教育教学的目标,阐释了英语教材建设发展的基本规律,令人耳目一新。鉴古知今,古为今用,这对于今天的教材建设有重要价值和现实意义。此外,研究中把晚清、民国中小学英语教材明确区分为两类:引进教材和自编教材。据此,我们作了分类统计和汇总,并且指出了先前相关研究的不足和谬误,研究思路有所创新，此为研究的一点意外收获。

在此，我们对于本书引用的所有研究成果向原作者表示衷心感谢。

虽然完成了撰稿任务，但我们深知，史学研究需要静下心来，沉下心来。然而，几位编著者平日工作繁忙，所有的研究都是在业余时间完成的，加之水平有限，本书一定有很多缺憾和谬误之处，我们期待方家批评指正。

（《中国中小学英语教材史（清末、民国卷）》序言）

第二章

与大家共实践

实践是教师专业成长的关键。我与大家同实践，努力地从改变教育教学理念、改革课堂教学模式、转变学生教育方式入手，不断提高教学水平和效益。

第一节　扎根太行四十年

题记：一路走，太行山路漫长。一路望，教育幸福飞扬。

上中学的时候读过列子的《愚公移山》。其中有两句话我记得深刻：太行、王屋二山，方七百里，高万仞。本在冀州之南，河阳之北。当时心里憧憬着：高万仞的山，这是一座什么山？我能不能到那里走一走？

初中毕业回农村务农的时候看过李云德写的一部描写钢铁工业的小说叫《沸腾的群山》，那时心里梦想着：沸腾的群山是什么样子？我什么时候能有机会到那里看一看呢？

谁料想，历经学业上的曲折和磨难以后，我的儿时憧憬和伟大梦想竟然都变成了现实：自己大半生都跟太行山、跟沸腾的群山结下了缘分。

一、进山

1980年6月，师范学校毕业后21岁的我，告别父亲，告别海河，告别天津，扛着行李毅然决然地一头扎进了太行山。

终于见到了这高万仞的太行山啦。太行山，又名五行山、王母山、女娲山。它位于河北省与山西省交界地区，跨北京、河北、山西、河南四省市间，山脉北起北京市西山，向南延伸至河南与山西交界地区的王屋山，西接山西高原，东临华北平原，呈东北—西南走向，绵延数百公里。

据有关资料记载，在六亿年以前，太行山地区是一片汪洋大海，后来经过了频繁的地壳活动，地面上升下降，海水时进时退，当海退时，这里沼泽广布，气候温暖潮湿，生长着茂密的森林，因此形成了太行山区丰富的煤炭资源。以后的一次次地壳活动，使太行山脉逐渐隆起。后又与东西的华北大平原断裂，形成太行东部陡峭、西部徐缓的地貌形态。

巍巍太行山下，蜿蜒清漳河畔，有个古县叫作涉县。

涉县位于太行山东麓，河北省西南部、晋冀豫三省交界处。涉县东与武安市、磁县毗邻；西与山西省黎城、平顺县相连；南与河南省安阳、林州市隔漳河、浊漳河相望；北面与山西省左权县接壤，属深山区。

涉县历史悠久，文化灿烂，是中华文明的发祥地之一。远古时为女娲"炼石补天、抟土造人"之所。早在30万年前就有人类繁衍生息，境内的赵简子城、新桥等遗址和李家巷、北关等古墓群，蕴含了大量的仰韶、龙山及战国和汉文化。据传大禹治水之时，这里属九州之一的冀州地。春秋时属晋，战国时先后属魏、赵，秦属邯郸郡。汉高祖刘邦元年（前206年）为涉县立县之始，距今已有两千多年历史，始置沙县，后改为涉县。

涉县素有"秦晋之要冲，燕赵之名邑"之称，"八山半水分半田"是涉县总的特点。涉县自古乃商贾云集、兵家必争之地。抗日战争期间，八路军129师在师长刘伯承、政委邓小平的率领下，临危受命，东渡黄河，挺进太行，运筹涉县赤岸村，浴血千里太行山，创下了赫赫战功，形成了一支享誉国内外的雄狮劲旅"刘邓大军"。当时有110多个党、政、军、财、文等机关单位在涉县驻扎长达10年之久。新中国成立后，从这块红土地上走出了我国改革开放的总设计师邓小平和两位元帅、三位大将、18位上将、48位中将、295位少将,先后有近百位129师老领导担任党和国家重要职务,成为第二代领导集体的中坚力量,开创了中国改革开放的新纪元,这块红色热土因此被誉为"中国第二代领导的摇篮"。

1969年8月5日,经国务院和中央军委批准,由天津市在涉县境内建设一个现代化的钢铁基地,这项工程被命名为6985工程,天津铁厂自此诞生。

1970年3月,6985工程破土动工。不同行业、不同年龄的6万建设大军从祖国的四面八方汇集到河北涉县,开始了最初的创业。在施工机具极度缺乏的情况下,创业者们以"愚公移山"的气概,人拉肩扛,移山填谷,引水接电,日夜奋战,在很短的时间内实现了三通一平。1972年2月第一座焦炉投产。同年4月30日,是天铁人都不会忘记的日子。17点30分,是一个激动人心的历史性时刻:天铁第一座高炉炼出了第一炉铁水。同年5月15日,首批生铁运抵天津,向天津市委和全市400万人民报捷,从此结束了天津"手无寸铁"的历史。

52年的天铁在涉县这块热土上书写了一段光荣的历史。让我感到光荣的是,天铁建厂11周年时,我从千里之外的天津只身来到太行山,来到邯郸,来到涉县,来到光荣的天铁建设者中间,自此成为一位光荣的天铁人。

二、登山

天铁是一个独立的工矿区,有职工和家属5万余人。随着企业的发展,孩子的教育问题也提到天铁发展的议事日程上来了。

据有关资料记载,建厂初期,天铁教育一片空白。然而就是在这一张白纸上,天铁人用生花妙笔绘出了一幅又新又美的图画。1971年,天铁只有一所中小学合校,共508名学生,在借用的校舍上课。到1991年,一座座教学楼拔地而起,普教系统相继建起5所幼儿园、6所小学、3所初中、1所高中,合计有学生5341名。另外建有电大、中专、技校、党校各一所，形成了从幼儿教育到基础教育、职业教育、干部教育的完整教育格局。在企业的支持下，几代师生共同拼搏，共同努力，天铁教育也走过了一条从无到有、从小到大、从弱到强的教育发展之路。

我就是这条教育发展之路上的一个亲历者，一个跋涉者。作为一名普普通通的教育工作者，自己咬定青山，攀行不止，努力做好三件事：做学生，做教师，做管理。

做学生，我先后读了科技英语翻译专业、英语语言文学专业、课程与教学论专业和中国教育史专业。读书一日不可少，逐步地成为自己的生活习惯。到现在仍然如饥似渴、手不释卷。我读书时，经常会有朋友打电话来问我正在做什么，我开玩笑说，在过贵族生活。他们问，什么贵族生活？我回答，在读书。他们纳闷，说读书是多么痛苦的事，怎么是贵族生活？我说，你看，只有当一个人不用忙于生计不用天天为生活而奔波时才会有时间坐下来静静地读书。读书足以怡情，足以傅彩，足以长才。喜欢读书其实是一种生存方式，一种生活状态，是一种天大的享受，还不是贵族生活么？俗语说，书山有路勤为径，学海无涯苦作舟。但在我这儿，攀登书山勤是有的，苦没怎么觉得，乐倒是有很多。

做教师，我始终舍不得放弃那三尺讲台。做了19年英语教师，带过5个班，送走过一批又一批学生。天天跟天真烂漫、生龙活虎的孩子们打交道，心中纯净，心有感动，心生感悟，心花怒放。讲台上一站，所有的烦恼，所有的忧愁，所有的不快，都烟消云散了。看着孩子们那清澈的眼睛，那绽放的笑脸，那专注的神态，你会受到感染，你会深深陶醉其中。现在，能够有机会到大学课堂里或一些学术论坛上跟大家交流，谈理想，谈愿景，谈教育，谈教学，谈管理，相互切磋，相互启发，相互学习，相互提高，这是一种感性而又理性、紧张而又快乐的生活，你说，哪里还有疲倦？不知疲倦的工作精神，轻松自如的良好心态，科学有效的教学方法让我迅速成长为一名优秀的英语教师。我在工作中始终努力地瞄着这样的目标：要做师德的表率、育人的模范、教学的专家、教研的能手、教改的先锋。

做管理，我尝试各种管理模式。若从做班主任算起，至今我做管理已经有三十多年。我深知，学校管理是一门科学，也是一门艺术。当你真正掌握了管理的科学，能够做到科学管理并艺术化的进行管理，那是一种创造，一种享受。做校长和教委主任后，在集团公司领导和同事们的支持下，我们做了若干种管理实验和试验，有过经验，有过教训，最后都取得了比较好的效果，伴随着媒体和个体的传播，我们的想法、做法和说法在业内形成了一定的影响，使得天铁这个远离城市、远离繁华、远离中心、远离关注，本不典型的"小规模的大教育"得以声名远扬。登高望远，我知道我们离理想的高效教育管理还有相当的差距。但每每谈起天铁教育，谈起天铁教育的优质，我和我的同事们一样，无不感到骄傲和自豪。

在三十几年的教育征程中，自己不敢有丝毫的懈怠，丝毫的动摇，也逐步理解了"活到老，学到老""不花气力，不能成事""世上无难事，只要肯登攀"的深刻含义。我满意自己是个知道努力并且永远奋发向上的登山人。

三、乐山

近二十年来，多少次，多少单位曾向我伸出橄榄枝，其实我只要首肯一下，便可堂而皇之地离开天铁，离开天铁教育。但是我太爱这里的企业，太爱这里的教育，太爱这里巍峨的群山了。仁者乐山，乐山让我沉下心来与同事们做喜欢的事业。

乐山，我扎根太行，默默耕耘，学有所得，做有所成，研有所悟。同行们评价说，自鹏是以一种精神和境界幸福地学习着，幸福地工作着，幸福地思考着，幸福地研究着，幸福地传播着，幸福地成就着。

我追求幸福学习之道。几十年里读书学习，坚持不懈。靠自学，先后取得专科学历、本科学历及文学学士学位和教育学硕士学位，成为天津市"自学成才"典型。我曾代表天津市10万自学考试考生在天津市庆祝自学考试 20 周年大会上介绍自己的自学经验，影响了一批又一批在自学考试征途上拼搏的有志青年。我在 45 岁时以较好成绩考入北京师范大学中国教育史专业师从我国著名教育史学家王炳照教授攻读博士学位。不轻易夸奖人的王先生后来对别人说：自鹏是我带过的学生中最省心的学生。

我追求幸福工作之道。做英语教师 19 年，深得学生爱戴和同行好评，我 39 岁被天津市人民政府命名为中学英语特级教师。几十年来我既做教师，又做管理。做过小学教师、初中教师、高中教师、大学教师；做过班主任、教务主任、校长、教研室主任、教委主任等。常常是边教边管，扮演着双重的角色，承担着双重的压力，进行着双重的创作，也享受着双重的幸福。

我追求幸福思考之道。在几十年的学习、工作中常常是学着做着思考着，并且常常在思考中深化着完善着升华着自己的实践和理论。最有意思的是，对实践和理论的思考常常让我着迷，让我沉醉，让我顿开茅塞，让我欣喜若狂。不做教育工作的，做教育工作不爱思考的，决然没有这种感觉，没有这种体验。我庆幸自己做了教育工作，也庆幸自己做着教育工作养成了思考的习惯，更庆幸自己在思考中时常有新的收获。

我追求幸福研究之道。我认为，教师集专业学习、专业服务、专业研究于一身。对教师成长而言，专业学习是前提，专业服务是关键，专业研究是条件。作为教师，我深谙其道，也在教育教学和管理中享受着研究的快乐和幸福。十几年里，我的手中诞生了《老师帮你记单词》《老师帮你学语法》《我做学生——从顽童到博士》《我做教师——从普通教师到特级教师》《我做管理——从班主任到教委主任》《中国中小学英语课程教材教法百年变革研究》等多部著作。曾经六次获得天津市教研教改成果奖，两次获得天津市基础教育教学成果奖，一次获得中国中小学幼儿教师奖励基金会优秀著作奖，并先后成为《成人教育报》《招生考试导报》《天津教育报》《天津教育》专栏作者。以文会友，以此为平台，以此为媒介，我得以结交一大批志同道合的朋友。

我追求幸福传播之道。从事教育教学教研以及管理几十年，重视对外传播交流，多年来，多次被邀到天津师范大学、南开大学、北京师范大学、人民教育出版社以及山东、河北一些地区教育局、教育中心、教研室做学术讲座，与同行共同研讨交流。在天铁教委的支持下，天铁成立了"陈自鹏工作室"。工作室聘专家，招徒弟，使得自己的教育教学管理思想得到传播交流借鉴。自己也常常在传播交流中有新的发现、新的悟道。

我追求幸福成就之道。几十年的努力成就了事业，成就了教师，成就了学生，也成就了自己。由于工作努力，成绩突出，组织上给了我很高的荣誉。我多次荣获天铁集团优秀领导干部称号，2007年被评为天津市优秀教育工作者，同年被天津师范大学聘为教师教育兼职教授，2011年被天津师范大学聘为教育管理专业硕士指导教师，2013年被天津市人民政府督导委员会聘为政府兼职督学，2014年荣获全国钢铁工业劳动模范称号。

我与师生幸福地享受着天铁教育的成果。二十几年里，天铁幼儿和学生全部就近入园、入学，实现了均衡发展、教育公平。职业教育培养的毕业生100%就业，广受用人单位欢迎。天铁初中、高中教育质量成为天津市一块优质品牌，一批批优秀学子从这大山深处走向全国、迈向世界，清华、北大等知名高校的校园里都有众多天铁子弟的身影。天铁教育虽远离天津，远离城市，却早已闻名遐迩。《天津教育》《天津教育报》等报刊媒体这样报道："沸腾的天铁，火红的教育"，"天铁教育的玄奘之路"，"天铁：一个诞生教育奇迹的地方"，天铁教育也被职工亲切地称为"天铁凝聚力工程的半壁江山"。我很欣慰，因为天铁教育发展里面有我和同事们数十年如一日幸福的追求。

我经常在思考这样一个问题：教师的幸福从哪里来？其实它来自教师的职业理想、职业价值、职业魅力、职业道德、职业认同、职业实践和职业成就。从宏观角度讲，幸福是个体对自己、他人以及周围的环境满意的程度。因此从一定意义上说，对自己满意是幸福，对他人满意是幸福，对周围环境满意也是幸福。

教师是否幸福于个人是一种感觉，是一种感受，是一种体会，是一种体验。教师是否幸福于职业则是一种态度，一种精神，一种义务，一种责任。因为道理很简单，一个做教师的你都不幸福，你怎么让你的弟子们幸福呢？你怎么又能够让他们相信从事教育和接受教育能使得人获得幸福呢？所以归根到底，教师的幸福不是别的，就是在自己的学习、工作、思考、研究、传播交流和些许的成就中能够得到满足和快乐。

进山、登山、乐山。山路虽然崎岖，但我和我的同事们走出来的是一条奋进之路，一条发展之路，一条快乐之路，一条幸福之路。[①]

第二节　模式探究面面观

作为英语教师，我对英语教育教学以及改革的研究是从教学方法和教学模式开始的。

在研究中我注意到，中国的英语教师和研究工作者多年来一直在探索适合中国国情的英语教学法，一直在努力构筑自己高效的教学模式。从早期引进和试用国外的英语教学法和模式到后来结合我国国情改进和尝试创立自己的英语教学法或模式，特别是近几十年，在我国先后涌现出多种具有一定影响的英语教学法或模式。认真研究这些模式的特点，对于教师专业水平的提高不无助益。

一、辩证综合法

（一）理论概述

李庭芗建立的辩证综合法始于20世纪60年代的俄语教学法研究。外语教学中不可回避的因素有很多，如听说读写、语音词汇语法、教与学，

---

① 陈自鹏. 教师幸福追求之道［M］. 北京：人民教育出版社，2017：8-14.

知识与技能，本族语与外语等等。哪个为重？哪个为轻？外语教学界众说纷纭，莫衷一是，各派都有自己的观点。我国外语教学界对此进行了独立探索。李庭芗等人在1981年9月明确提出"综合训练，阶段侧重"的观点，这一理念此后为外语教学界所普遍接受。①

"综合训练，阶段侧重"亦称"四会并举，阶段侧重"，听、说、读、写综合进行训练，不厚此薄彼，口语领先，最后突出阅读。辩证综合法倡导的教学原则是：交际性原则，阶段侧重原则，语音、语法、词汇综合教学原则，在外语教学里利用和控制使用本族语的原则以及以学生为中心的原则。1994年李庭芗介绍了"综合训练，阶段侧重"教学法的具体模式即教、学、用。主要内容如下。

第一，教。教师每教一课，要当堂使学生理解所学课文（懂）；能朗读课文（会）；通过反复操练，达到熟练运用课文及新单词和新语法点（熟）；再通过随后几课的学习和操练达到灵活运用所学的单词和语言点（用），进行听、说、读、写的交流活动。懂、会、熟、用中前一步的学习为后一步创造条件，后一步学习又是前一步的提高。教的内容要由近及远，由简到繁，由改写材料到原文，并以课文为中心把语言三要素和四技能综合起来。教的方法要听、说、朗读先行，充分利用外部直观、身势、情境；力求用英语作教学语言，以运用语内直观。教的活动要立足于学生操练、实践、多用小组练习。

第二，学。学指学生的学习方法。首先是听，开始听音会意，再次听音跟读；此后则听问作答，听音书写；以听先行而把听与说、读、写结合起来。说要和朗读、听写、表演等活动相结合。读要在听说基础上培养朗读能力和进行背诵；要通过精读培养阅读技巧，如整句理解，猜测词义、评价内容、预习课文等等；泛读要与精读相结合，力求读得多，读得快，读得独立（少依靠老师）。写要在口头练习的基础上进行，经过口头练习

---

① 张正东. 中国外语教学法理论与流派[M]. 北京：科学出版社，2000：206.

再做有控制的笔头练习，同时要把书写与写作联系起来。此外，则是复习方法。因为学生在课堂的学习和操练，都属于强攻、强记，认得快，忘得也快。如果要不忘记或少忘记，就得在遗忘之前复习或养成课后及时回想、定时诵读以及同学三三两两一起复习的习惯。

第三，用。从学生讲有两种用。首先是自觉运用，指课堂上的操练。这时学生的注意力放在掌握所学的句子和句子里的单词、新习语和新语法点上，不是放在交流思想上。自觉运用向前发展可达非自觉运用，即学生在生活中用英/外语交谈、阅读与写作。这时他们的注意力主要放在交谈的内容和了解对方表达自己的思想内容上，由自觉运用到非自觉运用是一个由不熟到熟、由操练语言形式到活用所学语言形式以交流思想、由量变到质变的过程，也可以说学生的用是熟能生巧；巧了，也就达到了教学大纲要求的目的。

教师在教学中运用外语都是由非直觉运用到直觉运用。因为教师在教学中不能随心所欲地用外语教外语，而要自觉地限定自己选用学生学过的外语知识、技能去讲解、操练新授语言材料，既帮助学生掌握新授语言材料，又帮助他们复习已学知识和技能，提高其熟练程度，使学生每堂课都能"学新习旧"。①

（二）教学程序

李庭芗在其主编的《英语教学法》一书第六章"英语课堂教学"中提出了英语课堂教学的基本环节：1. 组织教学（以教学组织教学）。2. 复习，检查。3. 提出新材料，或称讲授新课（使学生感知和理解新材料，使学生初步运用新材料，要辩证地看待理解、模仿、操练、应用之间的关系）。4. 反复操练（其目的是培养学生的英语语言能力和语言习惯，提高英语教学的质量，这是关键的一步）。5. 布置家庭作业。在这五个步骤中，提出新材料是解决感知和理解的问题，初步运用是解决识记的问题，反复

---

① 李庭芗. 英语教学中的教、学、用 [J]. 中小学外语教学，1994（10）.

操练是解决复用和活用的问题。①

（三）课例举隅

阅读课示例

下面是 The Trojan Horse 的前三段，以这几段为例，说明阅读课的教学方法。

The Trojan Horse

About three thousand years ago, Greece was divided into a lot of city states. The rulers of these states were always fighting against each other or against a common enemy.

There was at that time a small state on the east side of the Aegean Sea, in what is now Turkey. It was called Troy, a very beautiful city with strong walls around it.

A Trojan prince named Paris went to one of the Greek states and visited its ruler, King Menelaus, who had a very beautiful wife named Helen. She was the most beautiful woman in the world. Paris fell in love with Helen. They two ran off to Troy when Menelaus was away on a journey.

教学目的：学生能阅读 The Trojan Horse 的前三段，分析各段的结构和长句，并能用自己的话叙述前三段的大意。

教具：地图和图画

教学过程

第一步：组织教学（1分钟）

本节课阅读 The Trojan Horse 的前三段，学习里面的单词，做到能用自己的话叙述三段大意。

第二步：复习检查（10分钟）

（内容从略）

---

① 李庭芗. 英语教学法 [M]. 北京：高等教育出版社，1983：206-208.

第三步：进行阅读（18 分钟）

具体步骤如下：

1. 口述大意

Look at the map. This is <u>Greece.</u> This is <u>Turkey.</u> This is the <u>Aegean Sea.</u> The people of Greece are called <u>Greeks.</u> Many, many years ago, Greece was not like Greece today. Greece then was <u>divided</u> into many <u>states.</u> A state was a small country. Each state had a <u>ruler,</u> that is the <u>king</u> of the state. The son of the king was a <u>prince.</u> In Turkey then there was a city state. The city was called <u>Troy.</u> The people of Troy were called <u>Trojans.</u> The king of Troy had a son, named Paris, the prince, was a very handsome young man. Once he visited a Greek state, the king of which was <u>Menelaus.</u> He had a very beautiful young wife, named <u>Helen.</u> Paris was well received in the Greek state. It happened that Paris and Helen fell in love. When Menelaus went on a journey, Paris ran off with Helen and went home. A war broke out between the Trojans and the Greeks. They fought for ten years. There lived at that time a blind poet, named <u>Homer.</u> He wrote two long poems about the war. The Trojan Horse or the Wooden Horse as it is known in China, is taken from <u>Iliad,</u> one of Homer's poems.

教师在叙述当中要随手把画线词写在黑板上。故事说过后，可领读黑板上的单词，再指着黑板上的单词把故事重述两遍，以加深印象。

2. 朗读课文（一次读一段）

3. 讲解课文：

A. 分析各段内容：

a. Condition of ancient Greece

divided into small states; their rulers;

fought against each other or a common enemy

b. Troy

on the east side of the Aegean Sea;

a beautiful city with strong walls

c. The love affair

Paris's visit;

Paris and Helen in love

B. 分析各段长句：

a. The rulers of these states were always fighting against each other or against a common enemy.

Who were fighting?	The rulers of these states.
What were they doing?	Fighting.
Against whom?	Against each other or against a common enemy.

b. There was at that time a small state on the east side of the Aegean Sea, in what is now Turkey.

What was there?	A small state.
When?	At that time.
Where?	On the east side of the Aegean Sea.
Where was Troy?	In what is now Turkey.

c. A Trojan prince named Paris went to one of the Greek states and visited its ruler, King Menelaus, who had a beautiful wife, named Helen.

Who went to one of the Greek states?	A Trojan prince.
What was the name of the Trojan prince?	Paris.
Where did the Trojan prince go?	To one of the Greek states.
Whom did he visit?	Its ruler.
What was the name of the king?	Menelaus.
Who had a beautiful wife?	Menelaus.
What was the name of his wife?	Helen.

C. 提示下列动词的用法：

be divided into, fight against, run off

4. 反复操练（12分钟）

（1）朗读课文；

（2）给各段加标题；

（3）就课文进行问答；

（4）用简易英语叙述课文大意：

a. Greece about three thousand years ago

b. Troy

c. Love between Paris and Helen

5. 布置家庭作业（2分钟）

（1）熟读前三段课文；

（2）写出前三段大意；

（3）以 named 作过去分词，造两个句子。

在教高中阅读课时，教师应注意：

1. 要求学生预习课文，做到理解课文，并初步掌握生词的意思和用法。

2. 在学生朗读课文后，引导学生通过上下文去确定词的意思，分析句子的结构，用简易英语说出句子的大意。

3. 每段课文朗读后，要引导学生找出它的主题句，或给各段加小标题，说出一段的简要内容。

4. 要求学生课上口述课文大意，课下写出各段内容。

5. 酌量使学生归集某一方面的词汇。①

二、十六字教学法

（一）理论概述

十六字教学法（Sixteen-Character Teaching Approach）又称"张思中教学法（Zhang Sizhong Teaching Method）"。张思中十六字教学法源于部队

---

① 李庭芗. 英语教学法［M］. 北京：高等教育出版社，1983：222-226.

教战士学文化的"祁建华速成识字法"和北大、清华创造的"循环记忆速成学习俄语"集中识字法。

十六字教学法可以用"适当集中，反复循环，阅读原著，因材施教"这16个字来概括。

"适当集中"是指：集中教学，指集中内容、集中材料、集中时间、集中一切手段与方法。

"反复循环"在教学中有两个层面：一是运用各种记忆法。二是运用多种循环方式。

"阅读原著"是指导学生阅读中外文对照的读物、阅读外国中小学原版教科书、阅读、翻译外国的书报杂志。

"因材施教"也就是要满足不同层次学生的不同要求。一方面是个体差距。另一方面，群体差异。

（二）教学程序

十六字教学法在英语知识和英语技能教学中有自己的特色。语音：国际音标对称排列法；词汇：重读音节发音相同归类集中识词与循环记忆；语法：超前集中、随机集中与综合集中三步走；篇章：背百篇、记千句、识万词；听说：两两对话分级训练；读写：阅读与翻译原著；课文：整体教学，分预习、朗读、理解、背诵、操练和复习等步骤。①

三、英语"三位一体"教学法

（一）理论概述

英语"三位一体"教学法（The English "Three – in – One" Teaching Method）是指由马承教授发明的适合小学中、高年级和初中一年级使用的"字母、音素、音标三位一体教学法"以及适合小学、初中、高中一体化

---

① 张思中. 张思中外语教学法概述 [EB/OL]. http: //blog. sina. com. cn/s/blog_458e4dd4010008mp. html, 2007 – 03 – 24.

教学使用的"词汇、语法、阅读三位一体教学法"。

1. "字母、音素、音标"三位一体教学法

字母、音素、音标三位一体教学法,也称小三位一体教学法。这种方法把字母、音素、音标的教学有机地结合起来,首先学会26个字母,在熟读字母的基础上引出音素,在学习拼读单词时引出音标,然后将音素与音标挂钩,主要目的在于帮助学生解决发音和记忆单词的问题。教学原则是:音不离词,词不离句,句不离文。

2. "词汇、语法、阅读"三位一体教学法

词汇、语法、阅读三位一体教学法,也称大三位一体教学法。包括以下几个组成部分:

(1)要对词汇编码,实施提前记忆。

(2)语法提前略讲与随进度精讲相结合。

(3)阅读与词汇教学和语法教学同步进行。

三位一体教学法的教学原则为:词汇集中记、语法集中学、阅读同步行。

(二)教学程序

英语"三位一体"教学法的课文教学程序可依据"三T教学模式"来完成,即:Text Retell(课文复述);Reconstruction Task(语篇重建);Team Activity(小组活动)。在阅读教学中实施"结构—会话—阅读"三位一体。其教学理念是:"下要保底","上不封顶"。[1]

四、外语立体化教学法

(一)理论概述

外语立体化教学法(Three Dimensional Approach)是由原西南师范大

---

[1] 马承.英语"三位一体"教学法[EB/OL]. http://blog.sina.com.cn/s/blog_4ba3d18c0100yum5.html, 2012-03-05.

学张正东教授所创立和倡导的外语教学法。该法认为外语是学会的，习得的东西只起次要的作用。外语教学涉及的不仅是学生、目标语、环境、母语和目标语所属的文化，还受国家经济发展的影响。教师的作用是如何维系学生、目标语和环境间的平衡。中等教育是为学生的将来打基础的，所以外语教学不应该过分采取实用主义的态度。

外语立体化教学法的教学原则可概括为24个字：自学为主，听读先行，精泛倒置，知集技循，整体多变，用中渐准。在课堂上，该法强调学生要对自己的学习负责。听说领先，泛读多于精读，课堂时间多用来进行语言技能的培养，而语言知识中需要简明扼要的讲解。语言实践总是在情境中进行的。老师采用一种从上至下的方法处理语言材料，以便学生从宏观的理解逐渐过渡到更详细的局部的理解。通过循序渐进的实践来加强学生的语言知识和培养他们使用语言进行交际的能力。

从本质上讲，外语立体化教学法采取的是一种综合的外语教学观。该法的倡导者张正东先生说，外语立体化教学法源于李庭芗先生的关于外语教学法的辩证唯物主义的观点。在他的《英语教学法》一书中，李庭芗教授提出五个原则，反映了他的辩证唯物主义的外语教学观：

1. 要把外语作为交际来教、来学、来用。

2. 要兼顾四种技能，但要有阶段侧重。

3. 句子是语言教学的基本单位。

4. 要限制母语在外语课堂上的使用，但若有助于外语学习，也可适当使用。

5. 学生是课堂的中心。

（二）教学程序

《外语立体化教学法的理论与实验研究》所创教学模式可以被看作成套、成系列的教学方法，并可有层次大小之分，如阅读教学模式、课文教学模式等。在进行英语阅读或课文教学时，可按照"合—分—合""预习—阅读—讲练—讨论—小结""复—改—变—问"等教学程序来组织教学。①

五、整体教学法

（一）理论概述

整体教学法（Global Method）是在刘兆义老师和黄炳灵、金蒂老师提出的高中英语课文整体教学（Globe System of Teaching Senior English Text）基础上发展而来的。

整体教学法中整体的含义：1. 课文的内容是一个整体，强调信息的整体输入。2. 课文句段中的语音、词汇、语法等是一个整体，是听、说、读、写的综合材料。3. 英语教学过程也是一个整体，包括教、学、用三个方面。

整体教学法是以课文为基础自上而下的教学法。它强调先要整体理解课文的意思，然后再去处理局部问题或细节。阅读既是手段也是目的。整体教学法的倡导人之一刘兆义认为，教法应反映学法，也就是说，教师不仅要研究如何教，还要让学生学会如何学。

（二）教学程序

"课文整体教学"的步骤是由整体→分散→再整体→运用，这几个步骤逐步深入、环环相扣所构成的。具体来说，初中英语教学应按如下程序进行：导入+理解+实践+总结+发展+应用+检测+巩固；高中英语教学则应遵循如下四个步骤：1. 用问题来指导学生阅读课文，进行理解；2. 从整体到局部地理解课文；3. 学习语言结构；4. 用语言知识表达意思。

整体教学的最终目的是培养学生独立自主地学习和使用语言。②

---

① 舒白梅，陈佑林. 外语教学法自学辅导［M］. 北京：高等教育出版社，1999：226-227.
② 舒白梅，陈佑林. 外语教学法自学辅导［M］. 北京：高等教育出版社，1999：228.

六、十字教学法

(一) 理论概述

"十字教学法（Ten-Character Teaching Approach）"是由华东师范大学章兼中教授所提出和倡导的一种英语教学法。"十字教学法"指的是"情境、情意、结构、交际、策略"十字教学法体系，指学生凭借特定的语言认知情境，怀着轻松愉快的情感、克服困难的意志，积极有效地进行功能对话，操练语言结构，点破、归纳语法规则，运用英语进行交际活动，同时，采用适合自身的策略方法，进行自我监督、自我调节的学习进程。

"情境"是指人们在社会实践活动中的一切内部条件和外部条件的总和及其情境认知结构实体。语言交际情境既包括人物、事件、场景、时间、地点、上下文和社会文化条件，还包括在大脑中构成的一种情境认知结构实体。

"情意"有广义和狭义之分，广义的情意是指非智力因素。非智力因素是一个激励、推动、促进、发展积极有效学习的动力系统。英语教学中的情意是狭义概念，指动机、兴趣、情感、意志、性格和良好的学习习惯等积极推动学生积极有效学习的动力系统。

"结构"是指英语语言知识结构系统，主要包括语言结构系统和语言规则系统两个因素。前者是指由语音、单词、句子、语段和语篇所构成的语言知识结构系统，后者则是指英语语法规则和转换生成语法规则，在语言交际过程中两者往往相互渗透、融通、整合呈现和使用。

"交际"是指交际性操练和交际性活动，是指交际双方或多方在创设的或真实的情境中运用英语交流信息、思想和情感的活动及其交际过程，旨在发展学生运用英语交际的能力。交际能力是指在真实情境中进行交际的能力。

"策略"主要指学习策略即学习者在学习过程中对学习目标、学习内容、学习过程以及自身与教师的特点进行分析后,有目的、有计划地采用的总的对策、措施和方法,从而更有效地达到学习目标。

(二)教学程序

十字教学法的产生与发展大致经历了视听说领先阶段、"情境、结构、规则、实践"教学法阶段、直接拼音教学法阶段和"情境、结构、规则、交际"教学法阶段。其目的在于探讨和建立一种积极有效的教学法体系。在教学程序的实施方面,该体系具有较强的兼容性和综合性,大致可理解为在英语教学过程中通过指导学生运用学习策略灵活而有效地落实"创设语言情境、激发学习动机、语言知识教学、语言能力训练"等活动。从章兼中教授在其所著《英语十字教学法》一书所提供的"语篇结构及其组织的案例"来看,英语阅读教学一般可分为如下几个主要步骤:1. Pre – class 2. Lead – in 3. First – reading 4. Second – reading 5. Third – reading 6. Critical thinking 7. Assignments 等,并可根据具体情况进行调整。①

(三)课例举隅(本节课例设计由顾宏提供,选自章兼中编著的《英语十字教学法》一书,第 163 – 168 页。)

本课内容选自牛津高中英语模块三第三单元课文"Lost Civilizations"第一节课。

1. 教学目标:

(1) Students will learn some historical information about Pompeii and Loulan.

(2) Students will learn how to read diary entries.

(3) Students' awareness of protecting the lost civilization will be raised.

2. 教学过程:

(1) Pre – class

Download the pictures about the civilizations throughout the world before class from the internet and show them to the students with music before the class

---

① 章兼中. 英语十字教学法 [M]. 福州:福建教育出版社,2016:1 – 8.

begins.

在课前，学生在优美的音乐声中欣赏世界各地的文化遗址，如中国的莫高窟、意大利的比萨斜塔、希腊的雅典卫城等，给学生以感官的刺激，引起他们的兴趣，进入主题。

（2）Lead – in

T：Just now you were enjoying some pictures about the places of interest throughout the world, can you guess who took them?

S：The visitors.

T：I agree. Usually people would like to take pictures about the places they are visiting for memory. Besides pictures, they also like to write diary entries to record what they saw, the activities they did and their feelings. Today, we're going to read the diary by a student.

（3）First – reading

T：Please read the introduction part and answer the following questions:

Q1：Who wrote the diary?

Q2：What was the diary about?

Q3：What do you expect Ann to write in her diary since the diary is about a culture tour?

学生带着三个问题阅读文章的导读部分，理解文章的主旨大意。对上述的三个问题，学生的回答依次为：Ann. A cultural tour of places where there are lost civilizations. Historical information about the two places. 在学生给出第二个问题的答案时，教师追问：How do you understand lost civilizations? 教师帮助理解关键词。以上活动的意义在于使学生处于积极的准备状态，带着目的和愿望去读，充满信心地去读，变被动式阅读为主动式阅读。

（4）Second – reading

Step 1

T：Now let's read Ann's diary entries, which of course consist of dates and places. Please skim these diaries and find out how many days' diaries are there and list the dates and places.

学生通过 skimming 快速把握了作者的文化之旅的日期和地点，告诉学生"diary entries"定义。并告诉学生通常我们能在一篇日记中得知作者的旅游安排。

Step 2

T：Please read the first diary and think about the following questions：

Q1：Loulan lies in the East while Pompeii lies in the west. These two places are far distant from each other, why does the writer keep diaries about Pompeii and Loulan?

Q2：How does Ann feel about this trip?

Q3：Why does she feel lucky?

对于以上问题学生的回答为：Because both of them are lost civilizations. She feels lucky. Because she has won a place on this trip. 对于学生的回答教师进行强调和引导，扫清学生理解上的障碍。从而帮助学生解读文本。

(5) Third – reading

Step 1

T：We've learned the two places are far distant from each other and the writer keeps these two places in her diary, there must be some similarities between the two places.

Please read the second and the forth diaries and find out the similarities between them. Also find whether there are some differences between the two places.

T：What are the similarities between the two cities?

S1：Both of them were rich and busy 2000 years ago.

S2：Both of the two places were buried.

S3：Both of the two places disappeared.

S4: Both of the two places disappeared because of the natural disaster.

T: What are the differences between them according to the second and the fourth diaries?

S1: Pompeii disappeared because of the eruption of the volcano while Loulan disappeared because of the sandstorms.

S2: Pompeii disappeared almost suddenly while Loulan disappeared gradually.

S3: The people in the Pompeii died suddenly while the people in Loulan had enough time to flee the city.

根据学生在读前活动中提到的游记会涉及一些具体信息，而且这两个地方有很多相似之处，教师请学生通过阅读第二和第四则日记找出这两个地方的相似之处和不同。学生通过阅读、比较、归纳这两座城市的相似点和不同点，这一过程提升了学生的阅读思维能力。同时学生了解到如何阅读游记，即游记会记录所参观地的历史信息。

Step 2

T: We have learned some historical information about the two places while we are comparing these two places. As you mentioned before, besides historical information, diary entries also contain the writer's feelings. Please read the third and the fifth diaries and find out the key words or sentences to show Ann's feelings while she was visiting the two cities.

教师试图通过抓住作者在参观这两个地方的感受这条线，帮助学生理解课文，感受语言。

S: Ann felt amazing in Pompeii and sad in Loulan.

T: How do you know Ann felt sad in Loulan?

S: The writer uses "What a pity!"

T: Why did Ann feel "amazing"? Read the third diary and find out.

S1: Pompeii was discovered by a farmer by chance, so it was amazing!

S2: Ann saw the streets as they had been, with stepping stones along road so people did not have to step in the mud on rainy days! The people 2000 years ago were very smart to think of that idea. So it was amazing!

S3: Pompeii was destroyed by the volcano. Now the volcano is still here and peaceful. Nature is so powerful. It was amazing!

S4: The houses were decorated with wall paintings. The people 2000 years ago enjoyed a civilized life. So it was amazing!

T: I agree. The wall paintings were lost civilizations too.

S5: The people in Pompeii were buried alive. So we still can know their life 2000 years ago. It was amazing!

...

T: Why did Ann feel "What a pity!" Read the last diary and find out.

S1: What we can find now in Loulan are ruins. It's sad.

S2: Loulan was once a green land with huge trees. But now it's a desert. It's sad.

S3: There was an ancient water system that ran through the middle of the city. But now we have lost the technology and can't analyze it. So it's sad.

S4: The ruins like walls, palaces, temples, workshops and towers were interesting. Now we cannot see them as they had been. We could only see the ruins. It is sad.

...

(6) Critical thinking

T: We have read about what Ann saw and her feelings. What is your feelings now? Why? Please read through the whole passage and find out. You can use the information impressed you most in the diary entries.

S1: I feel sad. Pompeii is lost because of the eruption of the volcano, which is beyond our power. However, Loulan is lost because of human being's activity. Loulan people cut down many trees and destroyed the environment. As a result, it is buried by the sand and lost. Otherwise, we would visit the fascinating place nowadays.

S2: I agree with what my classmate said. But I feel lucky now. Because we can learn a lot from the disappearance of the two lost civilizations. For example, the human's activity contributed to the disappearance of Loulan. Loulan people cut down many trees and they didn't realize the importance of protecting the environment. Therefore, I believe we should start to take actions to protect the places of interest. Otherwise, we will have more lost civilizations.

学生将所阅读的内容与自己的知识、兴趣和观点相联系，批判性地接受作者通过文本向读者传递的信息。学生通过此活动，进一步理解、熟悉、记忆文本内容和语言知识，并进行语言实践，促进知识和技能的内化，同时教师通过学生的语言输出，对学生的阅读质量进行检测和评估，得到对自己教学效果的反馈。

(7) Assignments

①Read the passage three times.

②Write down your impression of Ann's diary. ①

七、英语"五步"教学法

(一) 理论概述

20世纪80年代末90年代初人民教育出版社与英国朗文出版公司根据中国英语教学实际联手编写了一套中学英语教材：《初中英语》和《高中英语》。

中英合编教材之前一段时间，我国采用人教社统编教材。这些教材基本上是以结构主义语言学为理论基础，优点是明显的，比如听说领先，重

---

① 章兼中. 英语十字教学法 [M]. 福州：福建教育出版社，2016：163－168.

视句型，重视口语，阶段侧重等等。然而缺点也是明显的，比如忽视意念，忽视交际，忽视语境，忽视心理作用等等。为了解决这一问题，张志公、唐钧、刘道义、魏国栋、龚亚夫、郝建平以及人民教育出版社外语室的同志们在改革开放以后，经过努力，先是引入听说法/结构法，后又在总结经验的基础上，引入结构功能法，并加以改造，形成了华式结构功能法。华式结构功能法不同于国外的结构功能法。不同之处在于：从中国外语教学的实际出发，继承中国引入的不同外语教学法的经验，兼重语言结构与语言功能。

华氏结构功能法坚持学用尽可能地结合，从实际出发处理语言知识与语言能力的问题，从汉语与目的语的差异上解决形式与意念问题，并提出要有一定的词汇量、复现率、言语活动量、阅读量、学习负担量等等。根据交际教学思想纯功能路子，结构功能路子，功能结构路子和题材范围路子，选择"题材范围"与"结构功能路子"相结合的交际教学观，不是简单地把"题材范围"与"结构功能路子"相结合，而是在继承我国使用语法翻译法和听说法的积极经验的基础上，构建了华式结构功能法。

英语"五步"教学法（The English Five–step Teaching Method）即是华氏结构功能法中一种外语教学程式。华氏结构功能法倡导如下教学原则：

1. 教学要从易到难，从已知到未知。
2. 教学材料要循环进行介绍，以便复习、巩固和扩展所学的东西。
3. 在用中学：鼓励学生主动地使用语言。
4. 教学材料要有趣，要符合学生的需要，以增强学生学习英语的动机。

为了将这些教学原则付诸教学实践，要求教师使用"五步教学方法"。即：复习（Revision），呈现（Presentation），操练（Drill），实践（Practice）和巩固（Consolidation）五个步骤。

华氏结构功能法诞生后，中小学启智性英语课堂教学模式也应运而生。

中小学启智性英语课堂教学模式是人教社刘道义老师集五十年教学研究经验在五步教学法基础上创立的一种教学模式。该教学模式是五步教学法的进一步发展，该模式有理论依据，有合理设计，有操作程序，有评价要求，符合现代英语教学目的论、过程论、方法论、模式论的要求。

刘道义提出，启智性课堂教学重视教学过程，在听说读的语境中介绍和呈现（Presentation）新的语言知识和信息，特别注意启发学生观察和发现。学生在用中学（Learning by doing），学中用，学用结合。听说读写教学均有前、中、后三个活动步骤。前指的是预备，中指的是呈现与练习，后面接下来便是产出（Production）。启智性课堂重视以学生发展为目的的评价，教学反馈贯穿教学全过程，特别重视行为评价。通过自主与同伴评价和师生评价，充分肯定学生的进步（Progress），使他们享受成功感，并由此增强信心，产生新的动力。

启智性课堂教学模式有五个步骤如图所示：

The 5P Approach to ELT

（Preparation: Activating & Brainstorming → Presentation: Observing & Discovering, Learning & Acquiring → Practice: Learning by doing → Production: Thinking & Expressing → Assessing Progress: Enriched experience；知识与技能、过程与方法、情感态度与价值观）

图 2-1　启智性课堂教学模式

启智性课堂教学模式设计要求教学目标明确，尊重学生主体，启发激活思维，步骤有序合理，全体学生参与，互助合作探究，方法灵活有趣，评价激励发展。①

（二）教学程序

五步教学法既重视英语语言形式、结构和语法规则又兼顾英语语言技能的训练。该教学法试图兼顾语言知识的学习和交际能力的培养，它不是简单地教学生一门语言，而是给学生提供大量的运用语言的机会，学生应该是为交际而学语言的。它所采用的不是某一种教学法，而是融合了听说法、认知法和交际法的有效方面。这个方法是折中的，但却是建立在合理的理论原则和有效的实践结果上的折中。②

表 2-1 英语"五步"教学法的基本教学程序及师生角色

Steps 步骤	Teacher's roles 教师的作用
Step 1 Revision 复习	Memory reinforcer 记忆强化者
Step 2 Presentation 呈现	Demonstrator 示范者
Step 3 Drill 操练	Organizer/Conductor 组织者/导演
Step 4 Practice 实践	Referee/monitor/supervisor 裁判/监控/指导
Step 5 Consolidation 巩固	Helper 帮助者

（三）课例举隅（本课例设计由曹甘提供）

Teaching contents：人教版 SEFC 第一册（上）Unit 2 Lesson 6 Reading

Look Carefully and Learn

My friend Paul will never forget his first chemistry teacher. He was a little man with thick glasses, but he had a strange way of making his classes lively and interesting. And his lessons were not easily forgotten.

---

① 刘道义. 启智性英语教学之研究 [J]. 课程教材教法, 2015 (1)：80-90.
② 舒白梅, 陈佑林. 外语教学法自学辅导 [M]. 北京：高等教育出版社, 1999：225-226.

Paul remembers one of the first lessons from this teacher. After the students were all in the chemistry lab, the teacher brought out three battles. One was filled with petrol, one with castor oil, and one with vinegar. "Now watch carefully," said the teacher.

He then filled a cup with some of the petrol, some of the castor oil and some of the vinegar. As the students watched him quietly, he mixed the three together. After that, he held up one of his fingers and showed it to the class. He then dipped it into the cup. After a few seconds he took his finger out. "Now watch," he said. "Remember, you must do everything as I do."

He put a finger in his mouth, tasted it and smiled, looking rather pleased. Then he handed the cup around the class of students. Each student dipped a finger into the mixture and sucked it. Instead of smiling, each of them made a face. The mixture tasted terrible.

When the cup was at last returned to the teacher, he said sadly, "I'm sorry, none of you watched carefully enough. Yes I sucked a finger, but the finger I put into my mouth was not the one I had dipped into the cup."

It was Paul's first important lesson as a student of chemistry and he never forgot it. ①

The Second Period: Reading

Teaching objectives: By the end of this lesson, students should be able to:

1. master the following new words and phrases: taste, lively, oil, mix, mixture, dip, second (n.), suck, instead of, fill…with, sadly;

2. find correct information in the text and improve their ability of reading;

3. understand the important relationship between looking carefully and learning.

---

① C. 杰克斯（C. Jacques），刘道义. 全日制普通高级中学教科书（试验修订本·必修）英语第一册（上）[M]. 北京: 人民教育出版社, 2000: 6.

Teaching procedures:

Step 1 Revision

Brain – storm: Questions and Answers:

1. What instructions must you obey when you use the science lab?

2. What can you often see in the chemistry lab?

Collect the students' answers and help them to go over Lesson 5.

Step 2 Presentation

1. Show the pictures of this lesson on the screen. Ask the students to guess "Who are the old man and the two boys? What are they doing?" Check the answers with the whole class.

2. Show the new words and phrases of this lesson on the screen, and then give the students brief introduction.

Step 3 Drill

1. Play the tape for the students and ask them to read the new words and expressions of this lesson after the tape.

2. Work in pairs. Check the new words and expressions of this lesson orally.

3. Work in groups. Make sentences with the underlined words or phrases according to the examples given:

(1) Let me go instead of you.

(2) Please fill me this glass with water.

(3) The mixture tasted terrible.

Step 4 Practice

1. Skimming for the general idea:

Ask the students to read the pictures, the title and the story quickly and then get the general idea of this text.

2. Scanning for detailed information: Show the following questions on the screen. Ask the students to read the text quickly and find the correct information

to answer the following questions.

(1) How did the students feel after they tasted the mixture?

(2) What did Paul's first chemistry teacher look like?

(3) What did the teacher do at the beginning of the lesson?

(4) What did the teacher do later on?

(5) What did the students do then?

The teacher helps the students to underline the correct information in the text and then check the answers with the whole class.

Step 5 Consolidation

1. Play the tape and let the students listen to the text. Then ask the students to finish Exercise 2 on page 63: Fill in each blank with a proper word.

2. Check the answers of Exercise 2 and help the students to correct their mistakes, then deal with the language points of this lesson.

3. Homework. Finish Exercise 3 on page 63: Fill in the blanks with the words in the box.

八、英语"双重活动"教学法

（一）理论概述

英语"双重活动"教学法（Dual Activity Method）是由广西师范大学王才仁教授提出并倡导的一种新型英语教学模式。"双重活动课堂教学法"的精髓是"活动"，即要通过精心设计的活动组织课堂教学全过程。课堂教学中可有两种类型的活动：语言活动和交际活动。前者强调技能的培养，为后者铺平道路。后者的中心则是发展交际能力。

他对"双重"简要阐释如下：教学双目的：教学目的既要教语言又要育人；教学双主体：在师生关系上，老师和学生是教学过程中的重要伙伴，是课堂里的双重中心；交际双层次：在师生的交流上，他们之间交流的不仅是知识，还有情感、态度、价值观等；语言双信息：英语作为一种交际工具，也具有双重性：语言既有形式又有内容；输入双渠道：关于获取信息的过程，这个过程既需要外部刺激，又需要头脑内部的认知活动，是双渠道的信息输入过程；输出双环境：关于语言产品，当学生使用所学语言时，它们的语言既要正确，又要流畅、得体。

（二）教学程序

英语"双重活动教学法"的操作程序由五步构成：一是 Lead – in（引入）；二是 Elicitation（启动）；三是 Input（语言信息输入）；四是 Practice（信息加工）；五是 Output（语言输出）。①

九、分级教学法

（一）理论概述

英语分级教学法（English Leveled Method）是北京市英语教育专家郝又明老师提出并推广的教学法。她先后在北京第25中学、北京市十一学校和北京市朝阳外国语学校实施分级教学，落实"分层教学"理念并取得了成功。

郝又明老师的做法是：一个年级的学生一般可分成三个班：A 班、B 班、C 班。进入这些班没有分数的限制，学生可根据需要进入任何一个班。但家长需要帮助自己的孩子选择一个合适的班级。在头两周内学生可以根据需要调换到更合适的班级里去。

郝又明老师重视落实教学过程，其分级教学模式可概括为：预习铺垫，识记难点；知识联网，情境训练；录音巩固，体会复现；习得积累，滚动发展。

（二）教学程序

首先，指导学生预习。预习要有明确的预习任务。

---

① 毕耀华. 英语中的"双重"活动教学法［EB/OL］. http：//www.qingshiedu.com/Article/HTML/214.html，2016 – 2 – 5.

其次，在上课时，把一个单元的几课书当作一个整体，重新排列组合，要求学生运用以往学过的语言知识来对话、讨论、叙述、表演。

最后，练习巩固是分级教学的重要环节。郝老师要求学生做好两件事：听原声带，复现、体会课堂所学知识；完成各种课堂练习。①

十、英语"四位一体"教学法

（一）理论概述

英语"四位一体"教学法（The English "Four – in – One" Teaching Approach）是由包天仁教授最先提出的适合中国国情的中学英语教学方法。其前身是英语"四位一体"复习教学方法。所谓"四位一体"是指复习是由四个阶段构成的一个整体。"位"指阶段，"四位"指四个阶段，即阶段训练阶段，专项训练阶段，综合训练阶段，模拟训练阶段。

图 2 – 2 "大四位一体"

包天仁教授在复习教学的基础上推出了英语"四位一体"课堂教学方法，也叫"4P"教学法。包教授认为，英语教学的所有课型都可以用英语"4P"教学法来进行。这里的"4P"是指：preparation，presentation，practice 和 production。这一理论框架可用下面的金字塔示意图来表示：

---

① 曲艳霞，郝又明. 英语教学模式初探［EB/OL］. http：//www.china001.com/show _ hdr. php？xname = PPDDMV0&dname = 0G4VE41&xpos = 153，2016 – 2 – 5.

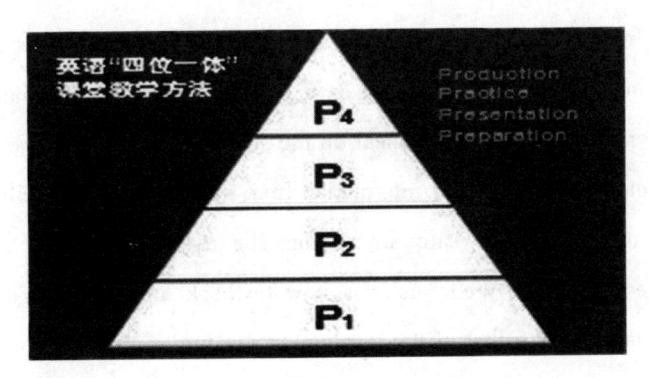

图 2-3　"4P" 金字塔示意图

（二）教学程序

包天仁"四位一体"教学法如上图所示，包括如下程序：

第一个 P 是 preparation，即师生准备。第二个 P 叫作 presentation，即呈现或授课。第三个 P 叫作 practice，就是操练，或者叫实践。第四个 P 是 production，就是 output，输出或者叫产出，叫作使用也可以。这一环节是课堂教学最后一个环节，也是最重要的环节。语言学习的目的是应用，但是课堂教学并不完全是应用，是一种模拟环境下的语言应用。英语"4P"教学法是循环式的，螺旋式的，是包含在课前，课中和课后过程中的。[1]

3. 课例举隅（本课例设计由曹甘提供）

Teaching contents：（外研社版 NSE，高一）Book 1 Module 1 Reading and Vocabulary

My First Day at Senior High

My Name is Li Kang. I live in Shijiazhuang, a city not far from Beijing. It is the capital city of Hebei Province. Today is my first day at Senior High school and I'm writing down my thoughts about it.

My new school is very good and I can see why. The teachers are very enthu-

---

[1] 包天仁. 英语"四位一体"课堂教学方法在高中英语教学中的应用 [J]. 基础教育外语教学研究，2012（4）：23-26.

siastic and friendly and the classrooms are amazing. Every room has a computer with a special screen, almost as big as a cinema screen. The teachers write on the computer, and their words appear on the screen behind them. The screens also show photographs, text and information from websites. They're brilliant!

The English class is really interesting. The teacher is a very enthusiastic woman called Ms Shen. We're using a new textbook and Ms Shen's method of teaching is nothing like that of the teachers at my Junior High school. She thinks that reading comprehension is important, but we speak a lot in class, too. And we have fun. I don't think I will be bored in Ms Shen's class!

Today we introduced ourselves to each other. We did this in groups. Some students were embarrassed at first but everyone was very friendly and it was really nice. Ms Shen gave us instructions and then we worked by ourselves.

Ms Shen wants to help us improve our spelling and handwriting. We do this in a fun way, with spelling games and other activities. I like her attitude very much, and the behaviour of the other students shows that they like her, too.

There are sixty-five students in my class—more than my previous class in Junior High. Forty-nine of them are girls. In other words, there are three times as many girls as boys. They say that girls are usually more hard-working than boys, but in this class, everyone is hard-working. For our homework tonight, we have to write a description of the street where we live. I'm looking forward to doing it! ①

The first Period: Reading and Vocabulary

Teaching objectives: By the end of this lesson, students should be able to:

1. master the following new words and phrases: province, enthusiastic, amazing, information, instruction, method, bored, attitude, behavior, previ-

---

① 陈琳,Simon Greenall〔英〕. 新标准英语第一册（必修1）（供高中一年级上学期使用）[M]. 北京：外语教学与研究出版社，2006：2-3.

ous, in other words, look forward to;

2. grasp the general idea of the text and improve their reading skills;

3. understand the new teachers and adapt themselves to the new class.

Teaching procedures:

Step 1 Preparation

1. Ask the students to preview the new words and expressions of this lesson.

2. Prepare a self – introduction before class.

3. Ask the students to think about the differences between Junior High school and Senior High School.

Step 2 Presentation

1. Self – introduction

The teacher introduces himself/herself in English first. Ask the students to introduce themselves to their partners in groups, and then ask some volunteers to introduce themselves to the whole class in English.

2. New words and expressions

Show the new words and phrases of this lesson on the screen, and then explain them briefly.

3. Reading methods

The teacher explains two reading methods – skimming and scanning first and then emphasizes how to use skimming to get the general ideas and how to use scanning to find out the detailed information.

Step 3 Practice

1. Skimming

Ask the students to read the text quickly and choose the general idea of each paragraph. Show the following on the screen.

Main ideas Paragraph

(1) I like Ms Shen. _____

(2) Self – introduction. _____

(3) Our activity in class. _____

(4) Ms Shen's teaching method. _____

(5) Feelings to teachers and their use of computers. _____

(6) The numbers of students in my class and their homework. _____

Five minutes later, check the answers and help the students to correct their mistakes.

2. Scanning

Ask the students to read the school diary quickly and find:

(1) something about this school which is different from Li Kang's Junior High school.

(2) two things that the English teacher thinks are important to do in class.

(3) two things that the English teacher wants to improve.

Five minutes later, ask some volunteers to show their answers and help the students to correct their mistakes.

3. Class work

Play the tape for the students and let them listen to the text carefully, then finish activities 4 and 6 on pages 3 and 4, and then check the answers.

Step 4 Production

Put the students into groups of three or four to discuss the following questions.

1. Is your English classroom like Li Kang's?

2. Is your class the same size as his? Is the number of boys and girls the same?

3. Are you looking forward to doing your English homework? Why?

At last, ask some volunteers to show their answers. Encourage the students to practice expressing their own ideas in English.

十一、二十四字整体教学法

（一）理论概述

二十四字整体教学法（Twenty-four-Character Global Teaching Method）是由是刘振海1986年针对我国外语教学上存在的严重影响外语教学质量的分割式串讲法而创立的，它是对张思忠十六字外语教学的深化和发展。这二十四字是指：超前集中，整体掌握，强化训练，习题精做，学一带四，课外阅读。

"超前集中"主要是指始学阶段的语音（字母、音标）超前教学，随后各学年段的词汇、语法超前教学、超前阅读。

"整体掌握"是指面向全体学生，将英语的四要素（语音、词汇、语法、句型）、五技能（听、说、读、写、译）与情境应用作为一个整体教、学、练、用。

"强化训练"是指"引导学生与教师一起归纳课文中出现的新词语或语法要点，着重将所学要点进行实际应用的口头训练和笔头训练"。

"习题精做"指的是习题的精选、精练、精讲。

"学一带四"是指与教材同步的限时阅读训练课。即在一节课内让学生自己完成4篇同步短文阅读训练。

"课外阅读"是指应该将学过的词汇、句型和语法放在课外的大环境、大社会、大视野中去阅读、重现、体会和运用。

（二）教学程序

"二十四字整体教学法"通常是从学段、学期或单元英语教学考虑的，对于课时教学来说，需要加以灵活运用，不同的课型通常采用不同的教学程序。对话课一般包括"听、问、读、解疑、导背诵（导表演）、再创情景的模拟对话表演以及布置作业"几个步骤；课文课一般包括"听、问、读、解疑、导复述（导背诵）、再创情景的模拟对话表演、浓缩课文和布置作业"几个步骤。①

(三)课例举隅(本课例设计由曹甘提供)

Teaching contents:(外研社版 NSE,高二) Book 5 Module 2 Vocabulary and Reading

The Human Traffic Signal

1 _____

At 3,500 meters, La Paz, in Bolivia, is the highest capital in the world. Life is hard at high altitude, and the mountains make communications difficult. Many roads are in bad condition and accidents are frequent. One road in particular, which goes north from La Paz, is considered the most dangerous road in the world. On one side the mountains rise steeply: on the other side there is a sheer drop, which in places is hundreds of metres deep. Although there is not a lot of traffic, on average, one vehicle comes off the road every two weeks. The drop is so great that anyone inside the vehicle is lucky to survive. In theory, the road can only be used by traffic going uphill from 8 in the morning, and by traffic coming downhill from 3 in the afternoon. But in practice, few drivers respect the rules.

2 _____

But thanks to one man, the death toll has fallen. Timoteo Apaza is a gentle 46-year-old man who lives in a village near the most dangerous part of the road, known locally as *la curva del Diablo* (the Devil's Bend). Timoteo has an unusual job – he is a human traffic signal. Every morning he climbs up to the bend with a large circular board in his hand. The board is red on one side and green on the other. Timoteo stands on the bend and directs the traffic. When two vehicles approach from opposite directions they can't see each other, but they

---

① 张志远. 英语课堂教学模式 [M]. 北京:中国物资出版社,2010:178-183.

can see Timoteo. Timoteo is a volunteer. No one asked him to do the job, and no one pays him for it. Sometimes drivers give him a tip, so that he has just enough money to live on. But often they just pass by, taking the human traffic signal for granted.

3 _____

So why does he do it? Before he volunteered to direct the traffic, Timoteo had had lots of jobs. He had been a miner and a soldier. Then one day while he was working as a lorry driver he had a close encounter with death. He was driving a lorry load of bananas when he came off the road at a bend and fell three hundred metres down the mountain. Somehow he survived. He was in hospital for months. Then, a few years later, he was called out in the night to help pull people out of a bus which had crashed at *la curva del diablo* . This last experience had a profound effect on Timoteo. He realised that he was lucky to be alive himself, and felt that it was his mission in life to help others. And so every morning, week in, week out, from dawn to dusk, Timoteo takes up his place on the bend and directs the traffic. ①

The First Period: Vocabulary and Reading

Teaching objectives: By the end of this lesson, students should be able to:

1. master the following words and expressions: accountant, miner, volunteer, offer, signal, sheer, respect, direct, encounter, mission, in particular, on average, in theory, in practice, take…for granted, take up;

2. improve their ability of reading by comprehensive reading and answering relevant questions;

3. fully understand the importance of servicing the society.

---

① 陈琳,Simon Greenall〔英〕.新标准英语第五册（必修5）（供高中二年级上学期使用）[M].北京：外语教学与研究出版社,2006：12-13.

Teaching procedures

Step 1 Listening

Play the tape for the students. Listen to the words and expressions of this lesson and then deal with activity 1: Match the words in the box with their meanings. Check the answers and help the students correct their mistakes.

Step 2 Ask and Answer

Work in pairs. Finish activity 2: Look at the picture and answer the questions.

1. Where is the man standing?
2. What is he holding?
3. Can the bus driver see the lorry?
4. Can the lorry driver see the bus?

Ask some volunteers to show their answers to the whole class and help them to correct their mistakes.

Step 3 Reading

1. Skimming: Look at the picture, read the title and the first or last sentence of each paragraph to grasp the general ideas. Deal with activity 3: Read the passage and match the headings with the paragraphs.

2. Scanning: Read fast with specific questions to find detailed information. Deal with activity 4: Choose the correct answers.

Check the answers and explain how to use skimming and scanning to deal with reading tasks.

Step 4 Explanation

Show the following on the screen. These sentences or phrases may be difficult for the students to understand.

1. a sheer drop

2. ... on average one vehicle comes off the road every two weeks.

3. But thanks to one man, the death toll has fallen.

4. But often they just pass by, taking the human traffic signal for granted.

5. He had a close encounter with death.

First ask students to guess the meaning of the sentences using the context. Then explain them to the students.

1. "A sheer drop" means "a steep slope of a mountain".

2. According to the average, the accidents often happen, about two weeks a time.

3. Because Timoteo Apaza directs the traffic every day, the accidents don't happen so often. He saved a lot of people's lives.

4. Most of the drivers just drive their cars away from him, as if they didn't take notice of him, or they think they have nothing to do with him.

5. An accident almost killed him.

Step 5 Retelling

Ask the students to read through the text again and retell it in their own words according to the heading of each paragraph.

Step 6 Acting

Work in groups of four. Suppose one is Timoteo and the others are drivers, show how the human traffic signal works.

Step 7 Summary

Summarize the text in no more than 10 sentences.

Step 8 Homework

1. Read the text carefully again and finish activity 5 on page 14.

2. Get students to introduce the human traffic signal to their friends in English.

十二、其他有影响的高效教学模式

我国曾经或正在使用的中小学英语教法或模式中有引进的教学法的改

良改造，也有我国众多理论工作者和实际工作者的探索创造。除了以上介绍的一些教学法和模式外，我们简要介绍一些其他有代表性的教学法或模式。

（一）二步教学法

二步教学法由浙江省萧山中学董慧铭老师设计并进行实验。主要是为了克服外语教学中"舍本逐末"的弊端而倡导的整体教学的方法。该方法共分为两个步骤，其中第一步：阅读理解教学，由三种程序构成：1. 翻译→分段，总结段落大意→归纳中心思想→分析写作特点；2. 主题词→情节（或例子）→表述主题及情节的词汇、句型等→分层次总结大意→归纳中心思想；3. 问答→复述→中心思想。第二步：语言知识教学，包括确定语言知识点，将语言知识点渗透到情景中和学生的操练三个部分。从第一步课文阅读理解入手，然后过渡到语言知识教学，实际上是从内容和篇章结构入手，然后过渡到语言规则的学习，这有利于学生综合语言能力和分析语言能力的培养。①

（二）三步教学法

三步教学法是河南许昌高中孟庆荣老师实验并总结的一种课文整体教学程序。操作分三步进行。第一步：预习。先介绍课文中心思想，然后听单词录音和课文录音。第二步：讲解。先讲练课文的语言点，然后掌握课文内容。第三步：复习。先自学答疑；然后复述课文；再后，听写；最后，作业。作业内容包括课上作业、课后作业和教师选编的语音、词汇、语法，巩固课文内容的练习以及阅读理解练习等等。②

（三）四步教学法

四步教学法是由哈尔滨市第六中学韦明老师探索并总结出的一种按

---

① 冯克诚. 实用课堂教学模式与方法改革全书 [M]. 北京：中央编译出版社，1994：547－549.
② 冯克诚. 实用课堂教学模式与方法改革全书 [M]. 北京：中央编译出版社，1994：593－595.

"讲、练、查、补"四步来组织课堂教学的方法,韦明老师称其为"中学英语四步程序法教学法"。其具体操作步骤是,第一步:讲。是教学的中心环节。在学生百思不得其解之时,在疑难问题的关键之处,教师给予少、精、活、透的讲解是必不可少的教学环节。讲课是教学中主要的教学形式,对不同班级要采取不同的教法。第二步:练。是掌握知识、提高能力的途径,又是巩固知识、检查课堂效果的重要一环,外语课,就是听、说、读、写的实践课,学生必须经过多次反复的实际训练。第三步:查。就是对所讲的知识的验收,是教育对象接受力的反馈。在整个教学完成后,教师用不同的方式检查学生还有哪些知识未被完善,需要补充和提高,学生还存在哪些问题,从而达到为学生查漏补缺的目的。第四步:补。是程序教学法中落实教学效果的最后的阶段。是对学生已学知识的缺漏之处,给予充实、完善和提高。补得越及时、越彻底越好。①

(四) 六步教学法

岳阳县教研室郝乐心老师创建了"初中英语循序教学法"。该法分为诊断导向、整体感知、明确要点、循序操练、效果检测、布置作业六个步骤。

第一步:诊断导向。具体做法是:一通过查、问、测了解学生对前一堂课的掌握程度;二根据反馈信息弥补过去教学中或学习中的弱点;三对旧教材进行复习和巩固;四检查学生的预习情况。

第二步:整体感知。包括创设情景,变式重复,感受印证,是采取课文、对话—句子—单词—单音整体感知模式。

第三步:明确要点。做法是先将课文或对话的句型、惯用短语及关键词用彩色粉笔板书出来并作简要的提示,然后分辨相似的新旧知识点,最后巧用英汉对比攻难点。

---

① 冯克诚. 实用课堂教学模式与方法改革全书 [M]. 北京:中央编译出版社,1994:514–516.

第四步：循序操练。采取双向替换式、一线穿珠式和模拟交际式三种方式进行操练。

第五步：效果推测。首先，教师用黑板或幻灯机出示题目，或分发试卷，学生在5分钟左右的时间内做完。接着，学生根据参考答案交换批改。对于批改结果，前后四人一起讨论，弄清错误的原因。教师则在行间巡视、询问，以了解情况。最后教师统计正误情况，对于普遍性的问题当即予以矫正。

第六步：布置作业。根据教学目标和教学情况布置作业。布置的家庭作业既有复习性的，也有预习性的。①

（五）情境教学法

情境教学法认为，创设英语语言情境和进入语言情境是学好外语的有效途径。

英语教学中设境的方式有两种：一是他设情境，二是自设情境。他设情境是指自然的外语情境，比如，用英语直接与外宾交谈，听以英语为母语的人讲英语等。这种情境对外语学习较为有利，但对于大多数外语学习者来说却是可望而不可即的。他设情境受客观条件的限制较多。自设情境则是非自然的外语情境，是外语学习者为学好外语而自我创造的一种情境。自设情境方便宜行、灵活实用，不受时空和客观条件的限制。自设情境具体方法很多，比如人机对话法、模拟练习法、实物联想法和主动思维法等。

指导学生进入语言情境分为三个阶段：一是强迫入境阶段，二是自觉入境阶段，三是自然入境阶段。强迫入境也称意识入境，是语言学习的初始阶段，在这一阶段，要求学生做到：聚精会神，专心致志；正确练习，保证质量。自觉入境阶段要在第一阶段机械练习的基础上加强活用练习，要求学生做到：激发兴趣，保持动力；巩固基础，提高能力。自然入境是

---

① 郝乐心. 初中英语六步循序教学法 [J]. 湖南教育研究, 1992 (3): 21.

指经过了强迫入境阶段和自觉入境阶段以后自如地、不知不觉地进入语言情境之中,这是教学要达到的最高境界。在此阶段应让学生做到:防微杜渐,克服随意;参照分析,长善救失。①

(六) 启发式教学方法

湖南零陵师专唐继南老师总结出启发式教学方法。包括直观启发、讨论启发、对比启发、提问启发和练习启发。

直观启发就是广泛利用实物、图画、动作等直观手段来吸引学生的注意力,激发他们学习英语的兴趣和积极性,并促使学生用英语和客观实物直接联系,增强运用语言连贯表达思想的能力。

讨论启发就是老师在课堂上成为活动的一员,并鼓励全体学生(包括老师本人)相互之间开拓交流渠道,从而适当调剂学生大脑的兴奋性,使学生有时间、有机会展开积极的思维活动,在交际中增强言语表达能力。同时,通过讨论启发,教师可从中得到教学效果的反馈。

对比启发是现代各种外语教学法都引用的基本方法之一。所谓对比启发,就是教师在课堂上尽力启发学生去找出英语中的音与音、词与词、句与句以及汉英两种语言之间的关系和联系,使学生形成接近联想或对比联想,建立起英语概念体系,培养学生的观察、分析和归纳能力,并使学生从大量的陌生的语言材料中找出多种联系,加深理解和巩固记忆。

提问启发就是在课堂上通过提问的形式,让学生用英语问答,达到反复多听多说的目的。这里的提问不只是教师提问,更主要的是训练学生多提问。

练习启发是指在课堂上每讲完一个内容,都要让学生在识记(通过机械练习)的基础上再进行复用练习和活用练习,把当堂所学的语音、词汇、句型、语法等知识加以巩固,并能用来描述自己的生活实际,表达自己的思想、感情和见解。常用的练习方式有背诵、默写、答问、提问、造

---

① 陈自鹏. 谈英语学习中的语境与入境 [J]. 天津教育, 1995 (4): 44-46.

句,多种答案选择、听力理解、看图说话、复述、听写、英汉互译等形式。①

（七）"点、线、面、体"教学法

上海十七中学王韶琴老师创立了"点、线、面、体"教学法。

"点"是指单词、语音教学。

"线"是指词组、句型教学。

"面"则是指课文整体教学。

"体"是指运用语言能力的教学。

她提出,点、线、面、体逐步扩展,步步为营,共同构成完整的教学模式。②

（八）"词、句、文"英语教学法

北京马淑冬老师的"词、句、文"教学法在教学中强调要"词不离句、句不离文",要在语境中教学,即把新词和词组放在有上下文的句子里教。老师先提供例句,让学生在例句中结识生词,接着又通过让学生重复例句使他们加深记忆、理解,通过多人造句和编故事的形式学会在新的语境中自由运用生词。这样,学生在学生词的过程中经历了示范—模仿—创造三个阶段后,不仅加深了对生词的记忆、理解,同时又增强了说句子、创造句子的能力,从而提高了学习的兴趣和在实践中使用英语的能力。

"词、句、文教学法"鲜明地体现了"英语为主、学生为主、训练为主"的特点。她认为在"词句文教学法"中要掌握三个原则：一是实践性原则。马老师认为,学英语的目的是使用英语,而使用英语的能力只有在实践中才能培养提高,所以要合理安排训练的密度、广度和深度,保证每

---

① 冯克诚. 实用课堂教学模式与方法改革全书 [M]. 北京：中央编译出版社,1994：517－519.

② 冯克诚. 实用课堂教学模式与方法改革全书 [M]. 北京：中央编译出版社,1994：610－611.

个学生在一堂课中都有两到三次单独操练的机会。二是交际性原则,做到课堂教学交际化,通过课堂设置的交际情景,教会学生把所学的知识在新的场合重新组织,通过听说读写的言语实践,培养学生实际运用英语的能力。三是限制母语的原则。整节课教师和学生均在不停地使用英语,学生几乎没有用母语思考的时间,从而培养学生能脱口而出的习惯。这三项原则均贯穿了注重能力培养的教学思想。①

(九) SEFC 课文教学五说法

天津俞声弟、湛立老师为解决阅读中的问题提出的一种教学模式。五说法把阅读课文分为概说、变说、补说、评说、推断说五步,希望训练学生达到 reading for→information→fun→pleasure→knowledge→imagination→e-valuation 的目的。

概说(general description)就是学生在通读课文后或在预习课文的基础上,要求他们认真领会文章中心思想(main idea)或主要内容,用三五句话加以概括。变说(paraphrase)指用两个词或短语来说明另一个词语的意义。补说(making - up)是就特定语言环境扩展联想,进而由学生对原文进行补充性讲说。评说(discussing and commentation)要求学生加深对文章中心思想的理解,鉴赏并挖掘课文的真正思想。推断说(inference)培养学生用英语进行推断性讲述,也是训练用所学语言进行联想、创造以提高语言水平的过程。②

(十)"三皮"英语教学法

该教学法理念是芮学国老师 20 多年一线英语教学的实践总结,操作方便,是新课程背景下有益的教学模式。具体操作方式:八个环节+三大方面+六件装备。

---

① 闫世宁. 科学与艺术的结合——记英语特级教师马淑冬 [EB/OL]. http://www.szxy.org/special/teach—/mashudong/.html.
② 冯克诚. 实用课堂教学模式与方法改革全书 [M]. 北京:中央编译出版社,1994:555-556.

1. "第一皮"——"厚着脸皮",鼓励学生努力克服心理障碍,通过各种方式大胆进行语言实践(八个环节),以发挥学生心理优势、激发学习兴趣、培养文化意识、积累情感体验。

(1)引导学生学会发展"陪练",创造"小环境"。

(2)鼓励学生"从错误中学习",认清正确与流利的关系。

(3)从口语入手,打开学生开心学英语的真正"缺口"(口语突破)。

(4)激励学生大胆体验,积极参与课堂语言教学实践活动(发言、表演、板书、提问、注意力转换、感官体验)。

(5)引导学生多提问,及时解决学习上的疑难困惑。

(6)引导学生学会合作,善于向他人学习(合作学习)。

(7)鼓励学生积极参加各种英语活动和竞赛,追求更高目标(English Day、English Talent Show 等)。

(8)利用网络和电话等信息技术资源,构筑对学生立体化的教育模式(博客、电话热线等)。

2. 针对英语作为语言的学习特点,提出"第二皮"——"磨破嘴皮",引导学生重视平时的口语交际、模仿、朗读、背诵并注意探索有效的方法(三大方面),"从嘴突破",以寻找最佳突破口、培养语感。

(1)重视语音,引导学生多模仿标准录音。

(2)培养语感,强化学生朗读和背诵。

(3)因人而异,探索朗读和背诵方法。

3. 为了培养学生良好的英语学习习惯,形成有效的学习策略以积累语言知识、培养语言技能,提出"第三皮"即"硬着头皮",并提出"六件装备":

(1)坚持阅读一份英文读物,培养良好阅读习惯(内容、目的、方法要注意)。

(2)以一部语言复读机为主,拓展一切听力渠道(精听、泛听相结合)。

（3）通过一本便笺不断积累克服母语干扰，提高写作和翻译能力（写作翻译积累）。

（4）适时翻阅语法参考书，弄清语言规则（语法资料）。

（5）根据自身需要，学会勤翻词典（了解构词、用法、句型）。

（6）随时随地利用好一本词汇手册，通过各种方法记单词（科学记忆方法、因人而异）。

这"三皮"环环相扣，相辅相成，缺一不可。①

（十一）JEFC 对话课的教学模式

党永升、刘纪萍等老师创立了 JEFC 对话课的教学模式。"对话课"（read and act）既能激发学生学习英语的兴趣，又能体现英语运用的实践性。JEFC 教学重视对话课，旨在使学生通过大量得体的对话实践，获得英语基础知识和技能，发展运用英语的能力。

1. 直观导入

精心设计好新课的导入是保证课堂教学成功的重要条件。教师要以新旧知识的内在联系为纽带，灵活采用多种形式，如唱歌、做游戏、画简笔画、运用实物或挂图、卡片等，以集中学生的注意，激发其学习兴趣。导入这一环节用时要短，一般控制在 5~8 分钟。

2. 精讲点拨

教师画图引出词汇，板书简介词义和用法。

3. 分层导练

教师要充分发挥指导作用，调动学生的学习积极性，做到导与练有机结合，根据练习的性质和作用，可将它分成"机械性操练""有意义性练习"和"准交际性练习"三个层次。此环节所用时间要占最大比重。

4. 转化问答

教师让学生根据所学内容自由对答。方式一：学生根据实际情况，用

---

① 芮学国. 三皮教学法 [EB/OL]. http://blog.sina.com.cn/ruixueguo.

五个 Wh - 问句对答（教师可给出部分学过的短语）。方式二：对五个 Wh - 问句作替换变式，让学生到讲台前作"信息差"游戏。

5. 书写巩固

教师启发学生归纳对话中的重点和难点，然后让学生做书面练习加以巩固。

此模式的特点在于口笔兼顾，讲练结合，导入又有揭示全课的提纲作用。①

（十二）阅读课中的词汇教学模式

浙江瑞安市瑞安中学金敏学老师阅读课中的词汇教学模式将阅读课第一课时的词汇教学目标确定为读前感知（词汇）、读中理解（词汇）和读后运用（词汇）三部分，并设计了如下教学模式：

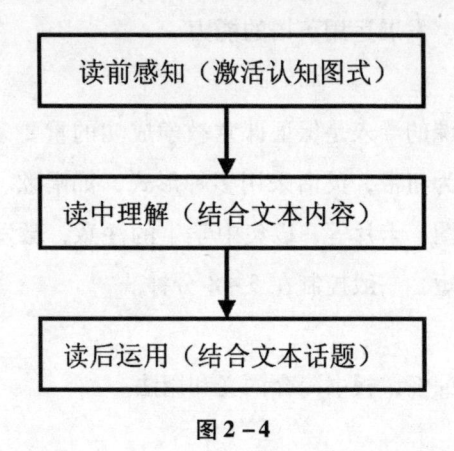

```
┌─────────────────────────┐
│  读前感知（激活认知图式）  │
└─────────────────────────┘
            ↓
┌─────────────────────────┐
│  读中理解（结合文本内容）  │
└─────────────────────────┘
            ↓
┌─────────────────────────┐
│  读后运用（结合文本话题）  │
└─────────────────────────┘
```

图 2 - 4

在教学实例与反思中，含有四个方面的分析。基本环节和活动如下。

1. 教材分析。
2. 语言知识目标分析。
3. 语言技能目标分析。
4. 词汇教学片段分析。

---

① 张正东. 英语教学法双语课程 [M]. 北京：科学出版社，1999：68 - 72.

(1) 读前预热，浅尝感知。

①导入；

②头脑风暴，以旧带新。

(2) 读中穿插，深化理解。

(3) 读后活动，内化运用。

①活动一（对话操练）；

②活动二（讨论与巩固）；

③活动三（思考与讨论）。①

(十三)"观察—发现—讨论—归纳—巩固—应用"语法教学模式

张金初老师创立了"观察—发现—讨论—归纳—巩固—应用"语法教学模式。该模式由六个环节组成，每个环节都有自身的作用。六个教学环节以及作用介绍如下：

第一个环节：观察环节——变换情景，突显语法；

第二个环节：发现环节——聚焦特征，诱思规律；

第三个环节：讨论环节——交流意见，发现规律；

第四个环节：归纳环节——总结观点，归纳规律；

第五个环节：巩固环节——梯度操练，初步应用；

第六个环节：应用环节——创设情境，实际应用。②

(十四)"读、思、言"深层阅读教学模式

福建师范大学外国语学院黄远振、兰春寿老师提出的"读、思、言"深层阅读教学模式结构要素体现了阅读教学的三大环节。读，即阅读，包含导读、默读和朗读三种方式。导读是读前指导，旨在激活学生关于课文的背景性知识，在学生明确了阅读任务和要求后开始阅读。默读是无声阅

---

① 金敏学. 阅读课中的词汇教学模式初探 [J]. 中小学外语教学, 2011 (5)：23 - 27.

② 张金初. "观察—发现—讨论—归纳—巩固—应用"语法教学模式初探 [J]. 中小学外语教学, 2010 (6)：18 - 22.

读,学生应当静静地、持续地读完全文,在独立阅读中输入语言信息,理解课文大意。朗读是口语化阅读,是在理解课文意思的基础上,让学生流利、准确地朗诵作品,声情并茂地感受语言(黄远振等,2013)。思,即思考,包括思索、探究和交流三个层面。思索是个体与文本之间的互动,如在读中发现课文的新词语,理解篇章结构和段落大意等。探究是读中发现问题、分析问题和解答问题的过程,学生需要运用各种思维技能获取新信息,证实自己的判断或猜测。交流是通过搭档活动或小组活动,让学生与同伴交换意见或分享观点,教师给予必要的评价和反馈。言,即表达,包含说和写两种语言表达技能。说或写是思维活动的产品,也是评价思维成果是否达成预期目标的环节。①

(十五)"三案六环节"教学模式的实践

"三案六环节"教学模式是连云港市教育局教研室新浦区教育局教研室易立老师创立的。"三案"指教案(教学设计)、学案、巩固案;"六环节"指自学质疑、交流展示、互动探究、精讲点拨、矫正反馈和迁移应用。基本要求是:

1. 在自学质疑环节,教师要指导学生围绕学习目标阅读相关学习素材,并进行自主学习,尝试知识建构,基本解决学案中的学习问题,提出疑难问题。

2. 在交流展示环节,学生要交流和解决学案中学习问题,展现和讨论思维过程和解题方法。在此环节中,教师要善于组织互动交流活动,促使学生积极思维。

3. 在互动探究环节,教师要选择具有探究价值的问题,组织学生进行互动和探究;教师要为学生的互动和探究活动提供材料和方法指导;要注意面向全体学生,注重因材施教和分层指导,营造民主、平等、和谐的课

---

① 黄远振,兰春寿. 初中英语深层阅读教学模式研究 [J]. 中小学外语教学,2015(2):11-15.

堂教学氛围。

4. 在精讲点拨环节，教师要针对教学重点和教学难点进行点拨；要注重剖析知识要点，分析知识点之间的内在联系，突出解决问题的思维方法和过程，注重培养学生运用所学知识的能力。

5. 在矫正反馈环节，教师要从学生中收集反馈信息，让学生完成相应的习题，并进行针对性的矫正教学。

6. 在迁移应用环节，学生要及时巩固学习效果，拓展思维，形成相关技能，培养举一反三的能力（连云港市教育局教研室，2009）。[1]

除以上15种教学模式外，还有以阅读为主导的教学模式、以听说为主导的教学模式等等。列表如下。[2]

表2-2 其他课堂教学模式

目标特征	模式名称及作者
"阅读主导"的教学模式	"拼读入门，阅读主导"教学模式（杜培俸、苏纪容；唐健乐、陈永科）
	"语篇微型情景"教学模式（朱崇军）
	"导、读、练"阅读教学模式（王中文、肖曼池）
	"课文教学与书面表达二合一"教学模式（陈静波）
	"阅读整体教学五阶段"教学模式（张献臣）
	"读写结合、循序训练、自学自得"教学模式（陈茂锐）
	"导练式阅读"教学模式（骆东风）
	"课文整体教学四步法"教学模式（申开来、卢盛莽）
	"课文教学读、讲、译、练四步"教学模式（张洪贵）

---

[1] 易立. 三案六环节教学模式的实践 [J]. 中小学外语教学, 2010 (7): 39-44.
[2] 程可拉, 邓妍妍, 晋学军. 中学英语新课程教学论 [M]. 广州: 广东高等教育出版社, 2007: 140.

续表

目标特征	模式名称及作者
"听说主导"的教学模式	"字母、音素、音标三位一体"教学模式（刘笃军）
	"听说训练引路，优先发展听说能力"立体化教学模式（曾葡初等）
	"视听导学、整体训练"教学模式（徐世平）
	"录音伴学"教学模式（潘洪沛）
综合性教学模式	"综合分析五步"教学模式（章洪华）
	"归纳—综合循环"启发式复习法（詹士维）
	"复习、归纳、练习、小结"四环节复习法（孙吉钊）

自改革开放以来，特别是新课改以来，我国理论工作者和一线教师创造的英语课堂教学模式不胜枚举，用一两本书的篇幅专文介绍恐怕也会挂一漏万。如上介绍和研究，可以给我们提供一个找寻和借鉴的途径，相信以后的研究和实践会进一步深化。

另外，需要提出的是，不论是国外教学模式，还是国内教学模式，不论是传统教学模式，还是现代教学模式，它们都是在某种或某几种理论指导之下为了达到某一个教学目的应一时之需建立起来的。这些模式可能在某些知识或技能的传授和培养方面有效或者高效，但是并不存在一种万能的放之四海而皆准的高效教学模式。在日常的英语教学中，究竟选取哪种教学模式更为有效，应该根据教学目的、教学内容、教学任务、教学环境、教学对象来确定。这是我们广大英语教师需要引起高度注意的。①

---

① 陈自鹏. 英语高效教学论 [M]. 南宁：广西教育出版社，2018：230-274.

第三节　高效教学四统一

高效教学是广大教师长期以来力求实现的工作目标之一。何为高效教学？教学何以能够高效？仁者见仁，智者见智，很多名家从不同角度提出过自己的看法。高效教学其实就是教学收益大大超过教学投入的教学。要实现高效教学，我们建议在教学中应该做到"四个统一"。

首先，教学应达到主导、主体、主线的统一。要实现高效教学，就应该充分发挥教师的主导作用，学生的主体作用，而作用的发挥一定要有所遵循，有所指向，有所依托，这就是教学目标。教学一定是在教学目标的指导下进行，不然就会南辕北辙，陷入盲目。我们认为，理想的教学大都是以教师为主导、学生为主体、目标为主线的。而未达到优化的教学要么只要主导作用，或只要主体作用，或者完全撇开主线即教学目标进行教学。因此，我们评价教学活动是否高效，应该既看教师表现得如何，又看学生表现得如何，同时还要看教学目标操纵得如何，非如此，教学效果就无从谈起，而且也将会对教学产生不良的引导作用。要实现高效教学，就要达到主导、主体、主线的统一。一方面，应该明确三者的不同地位和作用，其中教师主导是前提，学生主体是关键，教学目标是方向。另一方面，在教学中，要切实做到主导不越位，主体不缺位，主线不错位。

其次，教学要达到个体、全体、全面的统一。教学中个体与全体、全体与全面的关系把握问题一直是一个非常棘手的问题。常见的是，有的教师顾了这头，忘了那头；关注了个体，忽视了全体；关注了全体，又忽视了全面。能否达到个体、全体、全面的有机统一是衡量一所学校、一位教师水平高低的一个重要标准。因为，抓好个体，才能体现因材施教，抓好全体是学校整体工作的需要，抓好全面，是国家教育方针对学生德、智、体、美全面发展的要求。看一个学校或一位教师教学是否高效，不仅要看个体发展如何,还要看全体发展怎样,同时还要看每一位学生是否都获得了全面发展。真正的高效教学应该能够实现三者的高度统一。为此,在教学中要认真分析学生的知识基础、成长背景、学习态度和发展潜能,按照基础型、能力型、学法型、学风型、综合型等学生类型特点进行分类指导,使得各个类型的学生都有提高。此外在教学中,不仅要重视学生的知识、技能传授,更要注重学习过程、方法的教育,还要注重学生情感态度价值观的培养。个体、全体、全面的统一不仅使得教学高效,更重要的是真正把素质教育落到了实处。

　　再次,教学要达到学生现实发展、中期发展和长远发展的统一。教育的功能是促进学生的发展,教学的作用也在于此。学生的发展尤其是能力发展大致可分为近期、中期、远期三个阶段。但现实情况是,我们往往只是注重学生的现实发展,并且带有很强的功利色彩,这往往遭到业内和业外的诟病和批评。真正的高效教学不仅要注重学生现实的发展能力,还要注重培养其在不远的将来以及在相对较长时间的未来的发展能力,即应为其潜在的学习能力发展打下坚实的基础。教学中,既要立足当前重视学生的基础知识和基本技能传授,也要兼顾长远抓好其分析问题、解决问题的能力培养。前者是学生现实发展的需要,后者则是学生未来发展的需要。要做到这一点,一方面,要注意减少学生过度重复和过度机械的无效或低效劳动,把他们从过重的课业负担中解放出来。另一方面,在教学中要注意培养学生的观察能力、想象能力、记忆能力,特别是思维能力,帮助他们真正做到学思结合,提升其学习的能力和水平,不断改进学习的效能。学生思维能力的培养是教学的出发点和归宿,是学生现实发展的基础,也是学生中期发展和长远发展的条件,更是学生未来可持续发展的保障。

　　最后,教学应达到教学目的、教学过程和教学效果的统一。每一个教学活动都有着明确的目的。一般说来,教学目的是教学活动的出发点,它是由教学任务、教学内容决定。教学任务和教学内容一旦确定下来,教学目的就明了清楚了。然而并不是每一个教学目的都能取得预期的效果,这在某种程度上要看过程实施的质量。过程实施质量高，目的有可能实现得好，效果自然也好。过程实施质量不高，目的有可能实现得差，效果自然也差。教学是否高效，不仅要看教学目的，也要看教学过程，还要着重看教学效果。为此，要做到如下几点：一是教学目的中的任务和内容要细化分解，制定措施，保证完成。二是教学过程中不能大而化之，粗枝大叶。要稳扎稳打，步步为营。要优化方法，提升效益。三是做到投入的时间、人力、物力、财力要有相应的效益回报，要科学评价投入与回报是否成比例，要看投入是否有回报，是否有较高回报。投入若有较高回报，则是高效教学。反之，则是低效教学。前者是我们工作中力求实现的，后者则是我们工作中千方百计避免的。

总之，高效教学应该达到主导、主体、主线的统一，达到个体、全体、全面的统一，达到学生现实发展、中期发展和长远发展的统一，还应达到教学目的、教学过程和教学效果的统一。

第四节　三生有幸遇三生

教学过程中我们会偶见超常生，常见学困生，也会遭遇问题生。长期的教育实践告诉我们，这是提高我们自身能力，发展我们自己的极好机会，是谓"三生有幸"。

一、如何对待超常生

超常生是指天资聪颖、智力超群的学生。据专家统计，智力超常者只占人类总数的1%~2%，所以学生人群中超常生为数不多。孟子曾经说过："父母俱存，兄弟无故，一乐也。仰不愧于天，俯不怍于人，二乐也。得天下英才而教育之，三乐也。"我们认为，孟子所说的英才当指智力超长的人和未来的国家栋梁之材。

我们在学校教育过程中，偶尔会遇见智力超常的学生。比如2008年我们的区重点校天铁二中招收了一名学生，小学和初中的校长以及老师们一致反映学生有如下表现。

1. 幼儿和小学阶段《十万个为什么》以及部分古典名著就能看个大概，有早慧特征。

2. 上课听10分钟左右就能掌握全课所讲内容，然后就开始玩耍，精力明显过剩。

3. 每次考试都会早于其他人完成答卷，然后要么睡觉，要么玩钢笔，要么耍手绢，而且从不检查试卷，明显具有个人英雄主义情结。

4. 与同学自测智商包括常识、理解、算术、类同、记忆、字词、图像、积木、排列、拼图、符号等11个项目，发现他的智商明显高于其他同学，每次不同量表测试智商数均在140以上。

这无疑是个智力超常的学生。这样的学生放在一个区重点校能否培养成才真的成为大家的一个研究课题。怎么对待这样的一个天资聪慧、个性突出的学生呢？

学校采取了这样的态度和方法：一不偏爱，二不抬爱，三不溺爱，制定个性培养方案，因材施教。

不偏爱。大凡智力超常的学生智力水平均超出他的实龄，他们能够早于其他同学理解事物，因而作为成人的教师更有一种偏爱的倾向，久而久之，学生就有了一种优越感。这种优越感会使学生"鹤立鸡群"，孤立于集体之外。为了避免这种情况发生，老师们把他看作是学生集体中的普通一分子，别人参加的集体活动他必须参加，别人参加的课外活动他必须参加，机会均等，没有特别优待，逐步地，他融入了整个班级的大家庭中。

不抬爱。我们常说"承蒙抬爱"，这是自谦用语。超长生自身优秀，常有清高之心，傲慢之举，所以不溢美，不拔高，实事求是评价学生具有特殊意义。"谦虚使人进步，骄傲使人落后"，"三人行，必有我师焉"，不抬爱免使学生骄傲，能够使其可以发现别人的长处，取长补短，有利自己不断取得进步。在特长发展和个别学科学习方面也常有其他同学超过他，我们就利用这个机会教育他向别人学习，使得他的特长发展和学科学习一直保持强劲的动力。

不溺爱。智力超常的学生因为还处于不断成长的过程中，他们也有一般学生身上所具有的弱点、缺点和不足。对于他们的弱点、缺点和不足，不能只看学业成绩优异而"一俊遮百丑""一好代三好"，该批评批评，该表扬表扬，适时加以指导、引导和疏导。因此，老师们不因他是超长生就无原则地迁就、放纵他，也不因碍于他的母亲在学校做教师就疏于对他批评和管理，因而学生懂是非，知善恶，辨美丑。

对于超常生，不偏爱是让他做个普通人，不抬爱是让他做个正常人，不溺爱是让他做个正派的人。学校做到了这几点，加上个性培养方案有效实施，这个超长生三年里发展顺利，学业优秀，音乐特长突出，全国学科竞赛荣获多项奖励，并被评为天津市十个优秀中学生之一，2011年高考他取得了698分的好成绩，被清华大学录取。

二、如何对待学困生

学困生是指学习基础较差、学习经常遇到障碍和困难的学生。天铁二中作为一个区重点校，顶尖的学生已经进入市重点中学就读，招录进来的学生中优秀生占一定比例，某些学科的学困生也为数不少。

经过分析，我们发现学困生并不都是智力欠缺造成的，还有一些是由于知识基础欠缺，能力训练不足，学习习惯不好，学习纪律涣散，学习方法不当，综合素养不佳造成的。学困生的转化是提高学校教育质量的关键。因而，我们对学困生采取的态度是：一不忽视，二不轻视，三不歧视。并且采取相应措施进行分类指导，提高学生学习成绩。

不忽视。与超常生不同，学困生是一个群体，忽视他们的存在，后果是严重的。一方面个别学生的学习水平难以提高，另一方面学生总体学习水平也会大受影响。一个优秀的教师，应该重视学困生的转化，应该成为学困生转化的行家里手。天铁二中的老师们这方面做得极好，因而学校的教育得到家长和学生的一致信任和好评。

不轻视。学困生学习产生障碍和困难是有着不同的原因的，不能用"不行"一言以蔽之否定学生可能获得发展的潜质。教育就是一种唤醒，要通过教育，激活学生的学习动机、发展本能和成功欲望。这是一种态度，一种责任，也是一种能力。老师们对学生分析在先，然后分类型，定措施，下任务，明责任，转化工作始终成功高效。

不歧视。学困生需要得到老师的指导和帮助。作为教师，不能对学困生另眼相看，更不能让他们放任自流。要对他们取得的每一点进步都给予肯定，给予赞许，给予鼓励。

不忽视，不轻视，不歧视，并且对学困生分型指导，分类推进。我们按"基础型、能力型、学法型、学风型、学纪型、综合型"下大力气做学困生转化工作，促进了学生整体成绩的提高。

三、如何对待问题生

问题生是指由于心理不健康而导致思想和行为出现问题的学生。

问题生往往让老师很头疼，但是每个学校每届都会遇到这样的学生，人数不多，但麻烦很多。由于心理问题成因复杂，难以驾驭，工作起来难度很大。我们不回避这些学生的教育，一不抛弃，二不放弃，三不毁弃。对于问题严重的，在心理教师和医生的指导下，施以必要的心理干预和药物治疗。

不抛弃。由于家庭的原因、社会的原因和自身的原因，学生会产生严重的心理问题，而心理有问题的学生往往很痛苦，很矛盾，很纠结，有的甚至痛不欲生。面对这样的学生，我们不能当甩手掌柜，把学生抛给家长了事。而应主动施以援手，与家长一道做好学生的思想教育和心理疏导工作。

不放弃。每个学生都是一个鲜活的生命，我们的责任是要帮助他们健康、快乐地成长。当孩子成长过程中出现问题时,我们要不失时机地采取多种方式给孩子以帮助。家长交给我们一个孩子,我们交给家长一个人才。这个人才必须是人格完善的,内心幸福的,精神快乐的。我们教师肩上担着一份责任,对于每一个有问题学生的教育都应是永不言败,永不言弃。

不毁弃。心理有问题的学生心理很脆弱,师生、家长、邻里一个不经意的眼神,一句不经意的话都有可能导致他或她情绪失控,心理失常甚至精神崩溃,因此当老师的应该对问题学生百般呵护,千般爱护,万般关爱,把握时机,因势利导,做好工作。

面对一些心理有问题的学生,老师们只要悉心施教,不抛弃,不放弃,不毁弃,在心理教师和心理医生的指导下,配合家长对学生做深入细致的心理引导工作,他们就会克服成长中的困难和困惑,获得应有的进步和成长。

四、五大效应育名师

天津市河东区自 2017 年相继成立了 54 个名师工作室,其中区级名师工作室 5 个,局级名师工作室 49 个。进入名师工作室研修的学员达到 600 人,覆盖中小幼 18 个学科,与全市其他区相比参与人数最多。各名师工作室分别由正高级教师、未来教育家奠基工程学员、特级教师及市、区级名师担任领衔人。为加强和规范名师工作室的建设与运行管理,基于学员实际和发展诉求,教育局成立了名师工作室管理委员会。名师工作室实行五年一周期的任期制,工作每年有总结,每年有汇报,每年有考核,达不到考核要求的实行退出机制。几年来,在局领导和各个挂牌学校的支持下,各工作室走出去,请进来,接课题,做展示,出专著,"促走教",搞帮扶,工作室成员多人被评为市、区"优秀教师""德业双馨教师""师德先进个人""十佳青年教师","名师""名校长"和"骨干教师",名师工作室示范、辐射、带动、服务、孵化效应明显。作为天津天铁名师工作室领衔人和天津市河东区名师管委会主任，我在工作中的体会是，名师工作室只有发挥应有的效应，工作才能取得应有的成绩。

1. 示范效应

名师工作室有示范效应。应该示范什么呢？一是立德的示范，二是立功的示范，三是立言的示范。

名师工作室成员首先要做立德的典范。教书育人是教师的天职。工作室成员要热爱本职工作，模范地做到以生为本，关爱学生，严格自律，为人师表。名师工作室成员还要做立功的典范。教育、教学、教研与管理工作是教师实现自身价值、建功立业的平台。要珍惜自己的工作岗位，认真履行工作职责，模范地管理好每一个班级，讲好每一节课，组织好每一次活动。再有名师工作室成员还要做立言的典范。要研究教育教学和管理规律，要总结和传播新理念，新观点，新模式，新方法，不断提升丰富自己，范示和启发他人。

2. 辐射效应

名师工作室具有辐射效应。它的辐射效应是通过名师工作室的影响获得的。名师工作室的影响大多是通过课题研究、学术讲座、教育讲坛、讲课赛课、技能比武、成果展示发布等活动形成的。名师工作室的影响大小决定着辐射面的大小。一般来讲，辐射效应可在四个层面上展开。

第一，辐射本校。名师工作室一般是具象地设立在一个学校里。不论成员来自一个学校，还是多个学校，辐射效应首先发生在工作室设立的学校。千里之行，始于足下。工作室成员要利用好这个阵地，积极地从理论和实践上对学校对教师对学生施加影响。

第二，辐射本区。名师工作室要逐步扩大辐射面，特别是对本区的辐射。有的工作室成员来自本区不同学校，他们的知识增进、技能提升、观念转变无疑对本区会有这样或那样的影响。

第三，辐射本市。名师工作室办得有些成绩后，辐射面会进一步扩大。这时，影响不再是一校一区，他们的经验、做法、成果会成为大家学习的对象，辐射全市的局面就会形成。

第四，辐射全国。名师工作室有了相当影响后就会辐射全国。工作室可以采取请进来、走出去的方式加强对外交流，以扩大工作室对外影响。这种交流不仅对同行是个借鉴，对工作室成员也是一种激励。

3. 带动效应

名师工作室的带动效应体现在工作室成员在促进教师专业成长的积极性和主动性上。要做好几个方面的工作。

一是带动经典研读。促进教师专业成长，学习是前提。教师这个职业需要职前学习，更需要职后学习即继续教育。名师工作室要积极带动经典研读，学好本学科知识，学好教育学、心理学、教学论、教育史、教育哲学知识和相关学科知识，浓厚学习氛围，真正使得工作室变成一个学习型组织。

二是带动课堂实践。促进教师专业成长，实践是基础。名师工作室成员要带头做好课堂教学实践，优化教学目标，优化教学内容，优化教学过程，优化教学评价，不断提升教学质量和水平。

三是带动教育科研。促进教师专业成长，科研是保障。名师工作室要带头搞好教科研。要认真研究如何教，如何学，如何做，如何管。名师工作室要出名师，出经验，出作品，出成果。

四是带动教学改革。促进教师专业成长，改革是加速器。名师工作室要在推进素质教育和课程改革的过程中，做个先行者、推进者、组织者和指导者。要身先士卒积极推进改革，鼓励教师积极参与改革，指导教师科学进行改革。

4. 服务效应

名师工作室具有服务学科、学校和区域均衡发展的义务和责任。每所学校都可能有一些薄弱学科，每个区域都可能有一些薄弱学校，每个省市都可能有一些薄弱区域，名师工作室在扶持、服务薄弱学科、薄弱学校、薄弱区域方面可以大有作为。

第一，服务学科均衡发展。一所学校的教学有优势学科，也有劣势学科，因此发展不平衡。工作室可以发挥名师优势，帮助学校诊断、分析、制订改进方案。通过相关任课教师的努力，后进学科可以得到转化。

第二，服务学校均衡发展。一个区域中的学校有先进校，有薄弱校。工作室成员应该深入学校做好调研，在调研的基础上，有针对性地对学校教育教学教研和管理甚至对学校队伍建设、设施建设和机制建设提出中肯的意见和建议，以帮助他们改进工作，提高水平。

第三，服务区域均衡发展。我国西部地区和少数民族地区教育由于历史、经济等原因发展不平衡，有些地区教育薄弱，名师工作室可以在上级行政部门的协调和支持下，有计划有组织地对这些地区进行帮扶、支援和指导。在此过程中，工作室成员也可以受到艰苦奋斗和无私奉献的教育。

5. 孵化效应

名师工作室是名师专业成长的平台，也是教师专业成长的孵化器。

第一，诞生方法。名师工作室要研究和总结自己和同行的学科教学和课堂管理方法，研究和总结过程中会发现很多有效甚至高效的教法、学法、做法、管法，提炼一下，推广开来，就会产生巨大的效益。

第二，诞生模式。教学模式是在一定的教育理论指导之下形成的为完成一定教学任务而采取的比较稳固的教学程式。名师工作室对课堂教学和管理方法长期进行研究、总结，就会形成一些教学模式。随着不断研究、总结、推广和应用，模式就会呈现多样化趋势，其自身也会不断成熟和完善。

第三，诞生思想。名师工作室是名师汇聚之地，每位名师的理念、观点、意见不断碰撞就会产生思想的火花。我们认为，名师的专业成长是专业知识不断增进、专业技能不断提升、专业思想不断成熟的过程。名师工作室工作卓有成效的一个标志就是教育思想的诞生，每位成员应该为此做出自己应有的贡献。

第三章

与大家共思考

思考是教师专业成长的助力。要反思人的发展之道、社会发展之道、自然发展之道，在反思中提升经验、改进实践。

第一节 关注成长四阶段

教师专业成长研究是目前教育研究中的显学。一个教师的专业成长究竟是沿循着怎样的一个路径呢？或者说要经历哪几个阶段呢？

我们认为，如果说教师专业成长是教师专业知识增进、专业技能提升、专业思想成熟过程的话，那么教师专业成长大概应该经历经师、人师、明师和名师四个阶段。

经师。教师"传道授业解惑"靠什么？无疑靠的是心中有经典。这个经典是教师做好教学工作的理论基础。教师应该掌握好本学科知识，做到言之有根；还应掌握好条件性知识，比如掌握了教育学知识才能言之有矩，掌握了心理学知识才能言之有神，掌握了教学论知识才能言之有义，掌握了教育史知识才能言之有物，掌握了教育哲学知识才能言之有理；此外还应掌握好相关学科知识，掌握好这些知识才能言之有趣。据我们观察，凡是在课堂上能够引经据典、纵横捭阖的老师无不是心中有经典的老师。做个经师需要多年的积累和积淀。

人师。教师以教书育人为己任，不仅要教好书，还要育好人，要做学生的人生导师。做人师，要求我们的教师在育人上下功夫，不能满足于心中有经典，还要在言行上以身作则当表率，为人师表做模范。教师要帮学生树立正确的世界观、价值观、人生观，使得学生理想远大，信念坚定，目标明确，动力强劲，自信乐观，内心幸福。做个人师是全面发展教育和素质教育的本质要求。

明师。心中有经典，言行做模范，这还不是教师的特质。教师专业成长特别要求我们的教师要在理论和实践上有自己的创见。创见来自学习，来自实践，更来自思考和研究。我们有些教师学习上尽心，实践上努力，但就是缺乏对理论和实践的系统思考和研究，工作中缺了一道应有的工序。就是这一道工序，就是这看似不起眼的一小步，使得我们不少教师与明师失之交臂，这是很可惜的一件事情。做个明师需要教师有思考，有研究，有悟道，有创见。

名师。心中有经典，言行做模范，研究有创见，要成为名师还要向前走一步，那就是专业影响应该更深远。在学校的教育教学教研和管理中，我们不难发现有这么四种人：有的只喊不干，有的只干不喊，有的又喊又干，有的既不喊也不干。显然，又喊又干为上策，因为只有这样才能凝聚精神，鼓动人力。不仅如此，又喊又干，还能扩大影响，引人瞩目，启发他人，供人借鉴。为此，学校要善于利用各种渠道和方式做好名师的个人推介和宣传。

总之，经师心中有经典，人师言行做模范，明师研究有创见，名师影响更深远，是教师专业成长中应该经历的几个阶段，也应该是对教师专业成长的基本要求。我们说，要达到这些要求，不是一蹴而就的事，需要教师长期持续不断的努力。

第二节　三位一体看发展

教育发展归根到底是学校发展、教师发展和学生发展三位一体发展的统一。具体说来，学校发展理想的目标是大楼、大师和大气；教师发展理想的目标是立德、立功和立言；学生发展理想的目标是成长、成功和成就。

一、学校发展的目标：大楼、大师、大气

长期的办学经验表明，不论小学、中学还是大学，这学要办得有声有色，有成绩，有作为，有影响，似乎都与三个因素有关，一是硬件，二是软件，三是价值追求，因此，我们说学校办学需要大楼、大师，还有大气。

1. 要有大楼。毋庸置疑，学校办学应该具备必要的条件。第一个就是大楼。这里所说的大楼不是具象的楼房，不是阔绰豪华得让人头晕目眩如何如何大而不当，而是指教育教学所需要的空间设施。空间设施是师生在其中活动的场地和媒介，这是办好学校不可或缺的硬件条件，在某种程度上它决定着学校办学的规模和教育教学层次水平。

办好现代教育，大楼的作用不可小觑。有了它，一有利于学校快速发展，二可以筑巢引凤，吸引更多的优秀人才。我们认为学校大楼应该体现大空间、大设计、大格局三个特点。大空间是指师生活动的空间要足够大，比如学校要有足够大的操场，足够大的实验室，足够大的专用教室，足够大的活动场地，有条件的学校还要有适度大的能够赏心悦目的花园绿地。大设计是指教育教学空间设施的设计应该体现"面向世界，面向未来，面向现代化"的要求，要有国际视野，未来眼光，现代化元素。大格局是指教育教学空间设施要兼顾教育活动与教学活动，教师活动与学生活动、校内交流与校际交流，课堂活动与课外活动，知识教学与动手实践等各方面的需要。

2. 要有大师。著名教育家梅贻琦说："所谓大学，非有'大楼'之谓也，乃有'大师'之谓也。"什么是大师呢？《资治通鉴》说，"经师易遇，人师难遭"，因此，我们要求的大师应该是经师和人师的统一。

我们认为，大师应该是有大道德、大学问、大思维的人。首先，他应该有大道德。有大道德的人有博爱之心，人文情怀。他要热爱社会，热爱国家，热爱人民，热爱事业，尤其是热爱学生。其次，应该有大学问。能够刻苦钻研，孜孜以求，博学睿智，同行钦服。再次，应该有大思维。能够做到高瞻远瞩，眼界开阔，在人才培养和教育研究方面善于开拓，善于创新，能够居高望远，引领后学。霍懋征先生、魏书生先生、季羡林先生等在小学、中学、大学的教育岗位上做到了，因此他们成了我们学习的楷模。

3. 要有大气。什么是大气？就是大胸怀、大目标、大境界。当年蔡元培先生主政北京大学时曾倡导"思想自由""兼容并包"，他说，"大学者，囊括大典、网罗众家之学府也。"毫无疑问，蔡元培先生办北大是学校办学大气的典范。

我们认为，首先，大胸怀应该有宽容之气。要有学术自由、教学民主的环境和氛围，能够容忍个性，鼓励创新，奖掖创造。其次大目标要有高远之气。在学校发展、教师发展和学生发展和人才培养上要体现现实目标和理想目标的结合，立足现在，瞄准未来，志存高远。再次大境界要有圣洁之气。要教育我们的师生努力超越自然境界、功利境界，追求道德境界和天地境界。思想境界的提升应该是学校一以贯之的神圣追求。

学校成功办学，大楼是硬件，大师是软件，大气则是一种文化价值追求。我们在学校建设发展中要求抓好设施建设、队伍建设和文化机制建设，理所当然的较高要求就是大楼、大师和大气。而要建好大楼、培养大师、打造大气需要我们艰苦卓绝持续不断的努力才能做到。倘若我们未来的教育园地里真正有了大楼、大师和大气,我们的教育将是另一番新天地,人民将会对我们的教育更满意。

二、教师发展的目标:立德、立功、立言

据《左传·襄公二十四年》载,春秋时鲁国大夫叔孙豹对范宣子说,"太上有立德,其次有立功,其次有立言,虽久不废,此之谓三不朽。"我们理解,"立德",即树立高尚的道德;"立功",即为国为民建立功绩;"立言",即提出具有真知灼见的言论。此三者是虽久不废,流芳百世的。

作为人之师长的教师应该有什么样的修为?我认为,也应该把立德、立功、立言这三立作为远大的人生追求、人生理想和人生目标。

1. 教师的立德。"学高为师,德高为范。"立德是对教师首位的要求。教师的立德包括正心、正身、正言、正行,教师的立德还包括大真、大善、大美、大爱。

教师的正心是指教师必须忠诚于人民的教育事业,要把办好人民满意的教育作为自己的追求;教师的正身是指教师要为人师表,以身作则,自觉遵守法律法规、社会公德;教师的正言是指要教师要讲正义之言,和谐之言,健康之言,要以正确的言传影响和引导学生;正行是指教师要走得正,行得端,要以"威武不能屈,富贵不能淫,贫贱不能移"的大丈夫精神成为学生的楷模。

教师要做到大真。"千教万教教人求真,千学万学学做真人。"教师在教育教学中要有科学态度,科学精神,科学方法,做一切工作都要实事求是,一切从实际出发,同时也要教育学生做真人,说真话,办真事;教师要做到大善。教师自己首先应该做到并要引导学生善待社会,善待他人,善待学习,善待自己,善待自然,可以毫不夸张地说,这几个善待是一个人能否在社会上安身立命,一生能否快乐幸福的关键所在;教师要做到大美。教书育人,以身作则,内强素质,外树形象。做到语言美、形象美、行为美;教师要做到大爱,要全身心的爱事业,爱学生,爱民众,爱苍生，这也是教育的目的所在。

2. 教师的立功。教师的立功体现在他为社会提供的服务和服务质量上。一个教师为社会培养人，能够把人变成人力，这本身就是贡献。如若一个教师能够把一个普通的人变成人才，这便是立功。再假若我们教师同行们能够把全国偌大数量的人口变成劳动力甚或人才资源，则功莫大焉。

具体来讲，教师的立功与否主要体现在他在几十年的工作中能否创作出优秀的作品，即工作中能否带出一个又一个优秀班集体，能否培养出一批又一批优秀的学生，并且能否通过一批又一批学生为社会做出一个又一个贡献。

教师要带出一个又一个优秀的班集体。这个集体应该有共同的理想和共同的目标，师生能够协同一致，为理想和目标而努力而拼搏。这个集体其实是一个社会的缩影，在这个集体中成长起来的孩子能够在未来的社会工作中担当重任。此外，教师还要培养出一批又一批优秀的学生。这些学生有理想，有道德，有文化，有纪律，能够成为未来社会建设和发展的脊梁。再有，教师的立功还表现在他所培养的学生未来几十年的作为。这些学生由于在学校打下的扎实的理论基础、专业基础、技能基础、能力基础必定会在未来的工作中大放异彩，大显身手，大展宏图，大有作为。教育的成功在于此，教师的成功也在于此。

3. 教师的立言。教师是以传道、授业、解惑为职责的。立言对于文化传承有着重要的意义，也是教师这个群体对于民族、社会、国家以及全人类的特殊贡献。

教师立言包括提出和形成教育思想、教育理念、教育观点、教育模式、教育方法等等。教师在任一个层面上的立言都是一份贡献。立言需要实践，需要思考，需要提升。实践必须扎实，思考应该深入，提升需要提炼。其中，提炼非常重要。

第一，教育思想的提炼。教育思想是在长期的教育实践中产生并反过来指导教育实践的系统化理论。提炼教育思想需要关注实践的验证和理论的系统性，以保证立言的科学性和全面性。

第二，教育理念的提炼。教育理念是指人们在理性思考和亲身体验的基础上形成的关于教育本身及其价值和价值实现途径的根本性判断与看法。是教育主体在教育教学实践及教育思维活动中形成的对"教育应然"的理性认识和主观要求。提炼教育理念要关注教育价值和教育价值实现，使得立言既有现实意义也有长远意义。

第三，教育观点的提炼。教育观点是指人们从一定的立场或角度出发，对某一教育问题或教育现象所持的一些看法。提炼教育观点需要研究教育规律，遵循教育规律，如此，可以大大避免狭隘性、主观性，以保证立言的适用性和客观性。

第四，教育模式的提炼。教育模式是指在教育理论的指导下，对教育过程的组织方式及其相应策略的模式化概括。提炼教育模式要注意教育组织方式和教育策略，也要注意教育模式具有多样性的特征，以保证立言具有规范性和适切性。

第五，教育方法的提炼。教育方法是指在一定的教育思想指导下形成的完成教育任务、实现教育目标的策略性途径。教育方法的提炼要考量教育内容差异和教育策略选择。中外教师积累的教育教学方法多种多样，不胜枚举，是一代又一代教师们通过立言对人类教育文化遗产的重大贡献，这些方法直接促进了学校教育的发展和学校教育质量的提高。

教师这个职业伟大而崇高。教师应该有更远大的理想诉求，应该把立德、立功、立言作为自己的人生奋斗目标。哪位教师做到了，他一定会远离职业倦怠，一定会永葆教育青春，他的教育生涯也一定会如诗如画，如舞如歌。

三、学生发展的目标：成长、成功、成就

学校教育是以培养人才为目的的。学生不断成长、成功、成就的过程无疑是人才培养必需的几个重要阶段。其中，教师发挥着重要作用。

1. 教师要帮助学生成长。学生每天都在成长中。身体在长高，心理在成熟，知识在增长，智慧在增加。这些都是成长的标志。成长是指不断地向既定的目标迈进。学生的成长需要教师的领导、教导、引导、指导和疏导。

教师的领导作用不可或缺。学校要重视发挥教师在学生成长中的领导作用。学生大都是未成年人，需要身为成年人教师的领导。教师要领导教育工作，领导教学工作，要保证孩子发展的方向不能偏离。

教师的教导作用不可忽视。教师应该在学生的德智体美劳各个方面的发展上起主导作用。教师的教导是学生发展的基础。可以说，学生从幼稚到成熟、从无知到有知，教师的教导作用是需要高度重视的。

教师的引导作用十分重要。教师的引导主要体现在学生思想的引导和学业的引导上。教师要严格自律，以身作则，要"学为人师，行为世范"，要用自己的模范行为引导学生做人、做事、做学问。

教师的指导作用非常关键。教师要指导学生如何作息，如何锻炼，如何接人，如何待物，如何预习，如何听课，如何作业，如何练习，如何复习，如何考试，如何思考等等。教师的指导对于学生的成长起着关键的作用。

教师的疏导作用尤为需要。这里所说的疏导是指心理疏导。当学生诸事不顺心情苦闷时，当学生遇到难题感到困惑时，当学生学业停步不前感到无助时，当学生养成不良习惯不能自拔时，当学生心灰意冷感到无望时，教师的心理疏导和帮助对学生无疑就是及时雨。

2. 教师要帮助学生成功。学生的成功表现各异，有大有小，有多有少。成功是指在实现既定的目标过程中取得的阶段性成果。但无论如何，学生的成功离不开教师的期待、鼓励、激励、鞭策和督促。

教师的期待可以帮助学生确立目标。期待中有积极的暗示，有正向的指引，有美好的愿景，有殷切的希望。其实，这就是皮格马力翁效应。

教师的鼓励可以帮助学生获得动力。鼓励中有对学生理想的赞许，有对学生行动的支持，有对学生创新思路的评价，有对学生取得成绩的肯定。

教师的激励可以帮助学生再接再厉。对于想做事有激情的学生，对于能做事有能力的学生，对于能够做成事取得成绩的学生，一定要适时适地适度地给予激励。

教师的鞭策可以帮助学生后来居上。有些学生思想暂时落后，学习暂时落后，我们称之为后进生。后进生通过努力也能够取得进步，取得成功，这些学生需要教师的鞭策。

教师的督促可以帮助学生早日成功。在学生成长的过程中，教师需要督促学生制订计划，落实计划，完成计划，教师的督促重在学生成长关键阶段和关键环节的提示和提醒。

3. 教师要帮助学生成就。成就的取得以成长和成功为基础。一般来说，学生的成就多指一个人成长和成功之后对社会的贡献和影响。学生可能在社会科学研究领域做出成绩，也可能在自然科学领域研究做出贡献，这些成绩和贡献无疑就是一种成就。学生未来成就大小取决于教师给予学生打下的智力因素和非智力因素的基础。

学生的智力因素包括六个方面：注意力，观察力，想象力，记忆力，思维力，创造力。智力因素是一个人成长、成功、成就的基础。在学校里，我们需要培养学生的智力，增长学生的智慧，让学生学会如何注意、如何观察、如何想象、如何记忆、如何思维、如何创造。特别是要培养学生分析问题和解决问题的能力，培养他们创新、创造的能力。这是学校教育的最终目的之一，也是学生未来是否能够有所成就的关键。培养学生的智力因素一要靠课堂教学，二要靠课外活动，课堂教学和课外活动是智力因素培养的主渠道。

学生的非智力因素是指与认识没有直接关系的情感、意志、兴趣、性格、需要、动机、目标、抱负、信念、世界观等方面。这些非智力因素，在人的成长过程中，有着不可忽视的作用。一个智力水平较高的人，如果他的非智力因素没有得到很好的发展,往往不会有太多的成就。相反,一个智力水平一般的人,如果他的非智力因素得到很好的发展,就可能取得事业上的成功,做出较大的贡献。中外很多的科学家取得成就的例子说明了这一点。比如,我国著名的数学家张广厚(中国科学院学部委员)。据说他在小学、中学读书时智力水平并不出众,他的成功与良好的非智力因素有关。他曾说:"搞数学不需太聪明,中等天分就可以,主要是毅力和钻劲。"进化论的提出者达尔文也曾说过:"我之所以能在科学上成功,最重要的就是我对科学的热爱,对长期探索的坚韧,对观察的搜索,加上对事业的勤奋。"所以在教育教学活动中,教师应该在培养学生智力因素基础上,注重培养学生的非智力因素,要从情感、意志、兴趣、性格、需要、目标、抱负、世界观等方面教育学生、发展学生、提升学生、完善学生,使得他们真正做到刻苦钻研、品学兼优、信念坚定、意志顽强、全面发展、和谐发展、健康发展。

教师帮助学生成长、成功、成就,应该是教育的本义,是教育的任务,也是教育的价值所在,我们教师应该为此而竭智尽力。

第三节 境界教育不能偏

"境界",《新华词典》有两种释义:①土地的界限;②事物所达到的程度或表现出的情况。人生境界,顾名思义,就是人生所要达到的某种程度。它大都指精神领域,有高低之分。

对于人生境界,中外不同的学派,不同学派的代表人物都有过不同精辟的阐述,对于我们了解和把握人生境界有所帮助。中国的儒、释、道三个学派对人生境界都有阐述。儒家认为人分为君子和小人,而君子分为圣人和贤人,圣人是最高境界。冯友兰认为人生境界有四,一是自然境界;二是功利境界;三是道德境界;四是天地境界。他认为自然境界、功利境界是人现在所处的境界，而道德境界和天地境界则是人需要努力达到的境界。佛家认为人的苦难在于"欲"，去欲要道过"八正道"，最后达到涅槃，而涅槃是最高境界。道家主张大道自然、返璞归真，认为真人是最高境界。可见，儒家强调积极进取，佛家强调清心修炼，道家取乎自然。去掉其唯心和消极的一面，我们得到的启示是，人要想提升自己的人生境界，需顺其自然，内练素质，不断进取。

国外对人生境界的提法和研究也有很多。如古希腊的亚里士多德认为人有三种灵魂：植物灵魂、动物灵魂和理性灵魂，有理性灵魂的人适合于做国家的统治者。丹麦的克尔凯郭尔认为人生境界分为三个阶段，一是审美阶段，二是伦理阶段，三是信仰阶段。信仰阶段是最高境界阶段。尼采认为人的一生需要几次变形，即从骆驼到狮子再到婴儿。他认为骆驼忍辱负重，狮子攫取自由，婴儿创造自由的新我。创造新我是最高境界。去掉其偏颇和糟粕的一面，我们认为，人要提升自己的人生境界，需要不断提升自己的理性，培养自己的信仰，提高创新的能力。

学校是培养人的专门机构和场所，教育是培养人的社会活动。我们的学校是社会主义的学校，我们所办的教育是社会主义的现代教育，我们在培养学生全面发展的同时，也要注意培养学生崇高的人生境界。崇高的人生境界不仅是学生现实发展的必需，也是学生未来发展的必需，更是学生道德人生和快乐人生的必需，因为只有有了崇高的人生境界，学生才能有道德人生的养成，才会在其存在、生活、发展、成就中悟出人生真谛，感受到人生的愉悦。

学校教育学生提升人生境界要从世界观、价值观、人生观入手，具体要做到以下几点。

1. 志存高远。古代圣贤如孔孟都重视"立志乐道""持志养气"。如孔子说："三军可夺帅，匹夫不可夺志"。孟子说："吾善养吾浩然之气"。人只有有了志气，才能有"富贵不能淫，贫贱不能移、威武不能屈"的大丈夫精神，也才能达到"生当作人杰，死亦为鬼雄"的顶天立地的人生境界。我们要教育学生树立共产主义的远大理想，向英雄人物学习，立远志，谋大业，排万难，志不渝，不达目的，誓不罢休。

2. 心怀大众。学校教育只有面向社会、心怀大众才会有发展的活力和勃勃生机。《大学》开篇语道："大学之道，在明明德，在亲民，在止于至善。"学校的任务就是彰显德性，亲爱民众，达于至善。古人说："道之以政，齐之以刑，民免而无耻""道之以德，齐之以仁，有耻且格。"对学生的教育首先是仁德的教育。孔子说"仁者爱人"，我们教育出来的学生是未来社会的建设者和革命事业的接班人，必须是热爱民众、心怀大众，愿意为大众服务的人。因此他们必须具有全心全意为民服务的意识和为民服务的才能。心怀大众对于创造和谐社会尤其具有重要意义。

3. 求真务实。柳宗元曾说过："圣人之道，不穷异以为神，不引天以为高，利于人，备于事，如斯而已矣。"陶行知说："千教万教教人求真，千学万学学做真人。"这些都在描绘一种境界：求真务实。求真务实便是脚踏实地、实事求是。我们培养的学生如若没有求真务实的精神，便难以面对现实和未来的政治、经济、文化、科技挑战。只有掌握了"格物、致知、诚意、正心、修身、齐家、治国、平天下"的真实本领，学生才能做到居安思危、临危不乱、迎接挑战、争取胜利。

4. 笑对人生。我们每个人一生大都会有存在、生活、发展、成就等几个不同的阶段。每个阶段都有每个阶段的喜悦和幸福或困苦和哀愁。人的一生常常是顺逆交替、胜败难测，真正地做到"顺时警省、逆时从容"，"胜不骄，败不馁"，就要做到笑对人生。这是一个人提升存在、生活质量，提升发展、成就水平，明确生活意义、生命价值的一种崇高的人生境界。在社会生活中，我们常见到一些人虽然体面地存在着，富裕地生活着，顺利地发展着，辉煌地成就着，但内心里并不幸福。原因大概就在于没有能够做到笑对人生。我们要教育学生无论何时何地都要清楚地知道生命的尊严、生活的意义、发展的价值、成就的目的，这样他们就能够在现实生活和未来生活中珍爱父母赐予的生命，热爱每一天火热的生活，珍视每一小小的进步，珍惜取得的点点滴滴的成就，当学习、工作、生活遇到艰难困苦时，也能以积极的心态勇于面对。

重视人生境界教育是学校教育特别是德育中的应有之义。重视人生境界教育才能使学生不仅有科学的头脑，更有人文的精神。学生真正做到志存高远、心怀大众、求真务实、笑对人生，也才能成为一个高尚的人，一个纯粹的人，一个脱离了低级趣味的人，一个有益于人民的人，一个真正快乐幸福的人。

第四节　队伍管理三宝典

办好一所学校，教师队伍是关键。教师队伍管理是学校管理中的首要工作。教师队伍怎么管理，管理中应该运用哪些策略、方法和技巧，从中能够看出一位校长的管理思想和水平。一日，我与一位优秀的老校长聊天，我向他请教教师队伍管理的经验。他谈了很多经验和方法。从中我悟出来一番别的道理，那就是在浸透着他的心血的教师队伍管理经验和方法中，我总结出一个"三字经"即敬、擎、情三个字。

一谓有敬。

敬者，尊敬，敬重也。敬重就是一种尊重。我们常说，敬人者，人恒敬之。只有当校长给老师以应有的尊敬和敬重时，才会换来教师对校长的尊敬和敬重。我认为，我们在学校的具体管理中，应该尊重教师的创意、教师的创新和教师的创造。

首先，要尊重老师们的创意。我们认为，平时老师们在教育教学教研和管理中的每一个创意都是一种使命的驱动，都是一种激情的迸发，都是一种精神的焕发，都是一种智慧的绽放，都应当给予尊重。尊重他们的创意，就会使得教师敢想、敢干，敢于探索前人没有探索过的领域，敢于提出前人没有提出过的理念，敢于创造前人没有创造过的业绩。教育管理实践表明，凡是尊重老师们的创意的学校，学校教育教学教研和管理就会是一潭活水，就会呈现生机勃勃、一派繁荣的景象，学校就会成为和谐发展的学校。

其次，要尊重老师们的创新。老师们在教育教学教研和管理上的每一个创新都是他们的一次深刻反思，一次自我觉醒，一次自我否定，一次自我超越，一次自我提升，应该给予及时的激励。创新，对于教师队伍建设尤为重要。有了创新，教师队伍才会有活力，有干劲，有发展，有进步。凡是尊重教师创新的学校，一定会是教师队伍生龙活虎、学校工作日新月异的学校。

再次，要尊重老师们的创造。老师们在教育教学教研和管理上的每一个创造都是他们毕生心血的凝结，都是他们长期努力的成果，更是他们献身教育献身事业的精神体现，需要我们倍加重视，倍加珍视。尊重老师们的创造，就会使得老师们终身热爱教育工作，并把创造性地做好教书育人工作当成自己的理想，自己的事业，也会把成为"为教育而生存的人"视为自己最大的追求，最高的荣耀，最高的褒奖。尊重老师们的创造，教师队伍才会人才辈出，人才济济。

二谓知擎。

擎人者自擎。一般来讲，把别人举得高高，自己才能站得高，看得远。在学校管理中怎么才能做到知擎呢？我认为，应该努力在三个方面用力。

首先，要为教师成长搭建发展平台。为教师更好更快发展搭建平台，教师才能明确目标，瞄准目标，实现目标。有了发展的平台，教师就会沉下心，干起来，教师就能充分地展示自己，充分地发挥聪明才智，充分地成长、成功、成就。

其次，要为教师成长营造精神环境氛围。要利用好各种媒体和舆论宣传教师，鼓励教师，激励教师，使得每一位教师都有使命感、责任感和荣誉感，精益求精，优者更优，百尺竿头，更进一步。

再次，要在教师中树立楷模和典型。对于那些有理想信念、有道德情操、有扎实学识、有仁爱之心的教师不仅要大张旗鼓地宣传，还要精神鼓励和物质鼓励相结合，使得他们成为大家的偶像和榜样。榜样的力量是无穷的，树立楷模和典型不仅使得典型本人得到激励，关键还能够以典型激励他人。

三谓用情。

教师队伍管理要坚持以人为本，用情管理。

首先，要以情感人。在教师队伍管理中不仅要晓之以理，使办学理念化为教师的自觉行动，更要动之以情，用真情感化、感召、感动教师。校长等管理工作者不仅要做教师的同事、战友，更要做教师的知己和挚友。

其次，要以情度人。教师是师长，也是普通人。他们有七情六欲，也要关注油盐酱醋茶。作为管理工作者，我们应该了解他们的精神需求和物质需求，要了解他们的困惑、他们的想法、他们的期待，在力所能及和条件允许的情况下，应该满足他们的合理要求，使得他们能够心情舒畅无忧无虑地工作。

再次要以情育人。教育是面对生命的事业，对学生教育要用情，对教师培养也要用情。要帮助教师明确三尺讲台、一方教室对实现自我价值、取得事业成就的意义。对教师的培养用心用情用魂，他们对学生的教育才能用心用情用魂。用情培养，教师才能主动提升师德水平，提升专业水平，提升教学技能，才真正有资格有能力成为人类灵魂的工程师。

敬、擎、情三字经说来简单，其实真正做到并不容易。倘若哪位校长或者教育管理工作者在教师队伍管理中能够深谙其道，能够熟练运用，能够用到妙处，教师队伍管理一定会达到一定的水平，一定会取得一定的成绩。

第五节 专业成长谈经验

在一次讲座中,我讲到了"四力齐备"和"五善并举"。

我说,我们每一位老师都想在自己的职业生涯中获得一定的专业成长。专业成长需要一定的条件。一是自身条件,二是社会条件。总的说来,很多条件需要我们教师自己去创造。我个人认为,教师要做好本职,成就事业,需要四力齐备。教师要服务社会,快乐幸福,需要五善并举。四力齐备决定着教师专业成长的长度、宽度和高度,五善并举决定着教师专业成长的快乐指数和幸福度。

一、四力齐备　成就事业

我本人十分幸运。在过去几十年的教育生涯里,得到了不同的成长机会。做学生,做到了博士;做教师,做到了中学特级教师;做管理,做到了教委主任、党委书记和主管大集团公司教育工作的领导。若是有人问我一个人的专业成长需要哪些条件,我可以很肯定地告诉他,至少需要具备智力、努力、毅力和神力。

1. 智力。智力是遗传基础上的后天养成。智力包括注意力、观察能力、记忆能力、想象能力、思维能力等等。其中思维能力是智力的核心。

毋庸置疑,人与人之间的差异是很大的。根据专家的研究统计,天才占人群的1%~2%(智商数在140以上),白痴占1%~3%(智商数在25以下),中间的人(90为合格)相互之间的差异也很大。人与人之间的智力差异是客观存在的。

我从小学读到博士,同学很多。遇到白痴不多,但真的也遇到两位天才。

一位同学是我学习科技英语翻译专业时的同学。他智力超常,又很细致。耳朵是录音机，眼睛是摄像机，大脑简直就是电脑。他是天津大学工科出身，但学习外语，语法可以考出100分的好成绩。学习中文，现代汉语可以考出96分的成绩，这常常让我们这些学文科的自愧不如。他的一双儿女都是我们天铁二中的毕业生。姐姐考出了天津市理工科第二名的好成绩，进入北京大学，《今晚报》报道，《山窝窝里飞出个金凤凰》，弟弟考入清华大学，成为我们天铁二中建校史上的一段佳话。

另一同学是浙江金华人，原来是个物理老师，后来考入华东师范大学读硕士，然后又考入中国科学院读核磁共振方向的博士，中间因为选题被外国人提前突破转而退学回家写小说，之后成为作家。后又经过若干年，同时考上浙大、北大、北师大等五所高校的教育学博士。作为北京师范大学的教育学博士，我知道考上一所学校的博士都不太容易，同时考上五所著名大学的博士那是相当的不容易！

聪明过人、智力超群当然更好，因为这是一个人顺利成长的基础、前提和优势。但是聪明过人、智力超群也不能成为自己骄傲的资本。智力好，一生也不一定能够取得多大成就。智力不好，一生也不一定没有成就。不能否认，每个人的智力是有差异的。智力上的差异往往是可以通过勤奋来弥补的，这便是努力。

2. 努力。努力是指工作生活学习上的投入以及方法的思考和研究。

首先，努力要早。学生正是读书求知的好年龄。我们要懂得"少壮不努力，老大徒伤悲""勤能补拙"的道理。

北京师范大学心理学家林崇德教授特别推崇美国心理学会主席斯腾伯格。他撰文介绍说，小学和初中阶段斯腾伯格的智商都不及格。到高中的时候，不知哪位"快嘴"暴露了斯腾伯格智商偏低的事实，同学们议论说："原来我们是跟白痴一起上学啊。"这让斯腾伯格非常气愤，但正是这种压力增强了他"只要好好学将来就会有出息"的动力。这就是一种创造性人格的体现。他问老师："哪门学问研究智商？"老师告诉他："心理学。"斯腾伯格就发誓要学好心理学，他说这辈子如果成功了，他就把自己将来有关智力的理论命名为"成功智力"。高中毕业,他以优异成绩考上耶鲁大学。耶鲁太美了,他想:"如果能在耶鲁工作该多好!"可惜,美国的学制不提倡近亲繁殖,提倡的是插花式的发展,任何一个学校的博士研究生都很难留校,除非提了正教授再回来,或者成为美国著名的专家再回来。斯腾伯格又问老师:"在美国,心理学排名第一的是哪个学校?"老师告诉他:"斯坦福。"于是,斯腾伯格决心考斯坦福大学的研究生。果然考上后,他师从元认知的提出者弗拉维尔。在斯坦福大学,他只用了3年就拿下了硕士加博士学位,而在美国拿一个硕士加博士学位一般得要5~6年或5~8年,物理学最短,平均7.9年,教育学用时最长,平均18.2年。拿到博士学位后,他回到了耶鲁大学,成为一名心理学教师。一般从博士学位获得者到助理教授到副教授再到教授要经过$3 \times 5 = 15$年,可是斯腾伯格仅用了5年时间就成为正教授。现在,他成为世界著名的心理学家,也是当代美国认知或智力心理学的权威人物,他果真把自己的智力理论称为"成功智力"。

其次,努力要巧。

我上师范时有个同学,也是个智力超常的那种人。我们师范毕业时,他在我的日记本上写下这么一段话:

聪与敏可恃而不可恃也,若自恃聪敏而不力学者,必自败也。

愚与钝可限而不可限也,若不限愚钝而力学者,必自胜也。

说得太好了。这句话我记了三十年。为了克服自己智力上的愚钝我努力了三十年。并且终生受益的是,在努力之中找到了治学的思路和方法。比如学习外语的思路和方法是:

一个目的:为了交际。

两个重点:知识和技能。

三个要素:语音、词汇和语法。

四个意识:搭配组合、时间分析、逻辑判断和反复实践意识。

五个方法:巧记、常读、勤思、善用、多练。

有了这种思路和方法，学习外语变得容易多了。

1987年我和天津的一位学友相约同时参加日语自学考试。他在天津外院脱产学习一年，我在天铁自学。考试成绩出来，他正好考个及格，我却考了个88分。他写信问我："真不明白，我脱产学习一年，又有老师辅导。你工作那么忙，蹲在山沟里，又完全靠自学，你这书是怎么读的？"

我回信说：其实，坚持"四读"而已。一是痴读。即如痴如醉地读，专心致志，醉于其中，书没有读不好的。二是持读，即坚持不懈地读，没有啃骨头的精神，没有克服困难的勇气，是连一本书都读不好的。三是耻读。周恩来总理说："一物不知，学者之耻。"怀有愧疚之心去读，觉耻才有苦读的动力。四是炽读。即怀有炽热的情感去读。书便越读越有激情，越读越有劲头，最后肯定会学有所得、学有所成。

3. 毅力。毅力是指百折不挠的坚强意志。人的成长有智力因素，也有非智力因素。毅力属于非智力因素范畴。一个有毅力的人会长时期地付诸努力，信念坚定，坚持不懈，不达目的，誓不罢休。

毅力一般包括体力和心力的隐忍和坚持，毅力如何以心力为最终判定标准。

在我学习的过程中，有两个人值得我永远地纪念和感谢。

一是张海迪。海迪是20世纪中国树立起来的一个自强不息的典型。她是个高位截瘫的残疾人，靠百折不挠的毅力，学习了几门外语和针灸技术，翻译出版了几部小说，治好了无数病人，加入了作家协会，又担起了全国残联主席的重担。

二是赵永琢。赵永琢也是一位高位截瘫的残疾人，她靠顽强的毅力参加自学考试，成为翻译家。我至今还记得1984年我去天津外国语学院参加英语口试见到她而心灵受到震撼的情景。后来我以《身影》为题在《中国教育报》上发表了散文并获得优秀征文二等奖。

人做事是需要毅力的。古今中外更有我们的楷模。

大家知道，俞敏洪是中国最大的外语培训机构——新东方的CEO。他自认为自己是个蜗牛似的人,很笨,很慢。但是他说自己有一个很好的品质:坚持不懈。他调侃说:你们五年做成的事我用十年,你们十年做成的事我用二十年,你们二十年做成的事我用四十年,再不行,我保持精神愉快,身体健康,等你们八十岁了,我把你们都送走,我再接着努力不迟。

英国首相丘吉尔谈到自己的成功秘诀时说:我的成功秘诀是三句话,一是决不放弃,二是决不决不放弃,三是决不决不决不放弃。(Never give up; Never never give up; Never never never give up.)

有了这种精神,还有什么不能做成呢?

4. 神力。神力是指机遇。一个人有了智力,努力,毅力,不一定就能成功。机遇对于人也十分重要。有个段子说,人生就是碰碰和。碰对了方向,光彩一辈子;碰对了爱好,充实一辈子;碰对了爱人,幸福一辈子;碰对了朋友,乐和一辈子;碰对了师长,收获一辈子;碰上了神仙,还有下辈子。

机遇面前人人不平等,但机遇面前人人可以求平等,关键看你能不能善于抓住机遇。

以我自己为例。熟悉我的人都知道,我自己生活学习中有很多坎坷,算是个机遇并不好的人。但是小的时候背过白居易的《咏凌霄》对我产生很大影响,我懂得自立精神对人的一生都很关键。

俗语说:自助者,上帝助之。这上帝其实不是别人就是你自己。我在校时间只有八年半,却抓住了每一个读书的机会,读了师范,读了电大,读了自考,读了硕士,读了博士,成了中学高级教师、特级教师、正高级教师、大学兼职教授、专业硕士导师。每一点成功和进步都是善抓机遇的结果。

俞敏洪并不是天才。考了三年才考到北京大学,语言没有天赋,却学了英语。他普通话说不好,入学时在班里介绍自己时用普通话说了半天,班长说,俞敏洪你能不能不讲日语?入学后根据高考成绩他被分配到A班,一周后又被调到C班,这是个"语音语调听力障碍班"。俞敏洪大学毕业后参加托福考试，考出了很好的成绩，但申请美国高校三年无果。懊恼之中发现外语培训很有市场，很有商机，于是干起了新东方，有了红红火火的事业。

"四力说"表明一个道理，这便是：智力之中有短长，努力之中有良方，毅力之中有志向，神力之中有眼光。

我们应该采取的态度应该是这个样子的：说智力，我们要带着心来；说努力，要沉下心来；说毅力，要横下心来；说神力，要留起心来。

二、五善并举　快乐一生

《大学》中说：大学之道在明明德，在亲民，在止于至善。古人把达于至善作为教育的最高准则和最终目的。达于至善要求我们自己并教育学生要做到五善，即善待社会，善待他人，善待学习，善待自己，善待自然。五善并举才能快乐一生。

1. 善待社会。善待社会要多看社会的光明面，少看社会的阴暗面。以乐观的心态对待社会。

我们在网上和现实生活中会遇到很多愤青，他们对社会上一些不好的现象悲观失望，有很多无奈的声音，埋怨的声音，不满的声音，指责的声音，批评的声音。怎么看待这些现象？我们知道，根据马克思主义的学说，人类社会有三个发展阶段：一是人的依赖阶段，二是物的依赖阶段，三是人的自由发展阶段。我们现在所处的这个阶段是物的依赖阶段，比人的依赖阶段进步了，但还没有达到最理想的人的自由发展阶段。

物欲横流比人身依附要进步得多。人的依赖阶段是历史上最黑暗的阶段。它鼓励个人权威、个人迷信、个人独裁、个人专制。中国的奴隶社会和封建社会是这个样子，现在个别的国家仍然是这个样子。

幸运的是，我们已经超越了这个阶段。政治清明，经济振兴，文化繁荣，尽管我们还有这样或那样的困难和问题，我们有理由相信未来的祖国将会更加强大，更加美好。

我们要为此而努力!

2. 善待他人。善待他人要多想别人的好处,少想别人的坏处。要以感恩的心态对待他人。

俞敏洪从小学习不很出色,但劳动态度很好。他天天给教室做卫生,上了大学后天天给宿舍里的同学打热水。假使有一次他不打水,宿舍里的人就会说:俞敏洪怎么还不去打水啊?这水一打就是四年!在常人看来,这四年水算是白打了!俞敏洪的新东方办到一定规模时,他想起了自己的同学们。于是拿着大把美元到美国、加拿大请他的同学们回国创业。他是想让他的同学们看看,在咱们中国也能赚大钱。同学们都回来了跟他办新东方,但是至于他们为什么回来帮他却给了他一个不是理由的理由:俞敏洪,我们回来全是冲着你给我们打了四年水!我们知道,你这人不自私,将来你有干的吃,绝对不会让我们喝稀粥!

3. 善待学习。善待学习,就要多想学习的乐趣,少想学习的烦恼。要以积极的心态对待学习。

学习为了求知,知识可以改变命运。

培根在他的 Of Studies 中说:Studies serve for delight, for ornament and for ability. Their chief use for delight is in privateness and retiring; for ornament, is in discourse; and for ability is in the judgment and disposition of business. 说得何等的精辟!这超出了求知的范畴。

中国人对读书有功名情结。比如"两耳不闻窗外事,一心只读圣贤书","万般皆下品,唯有读书高","朝为田舍郎,暮登天子堂","富家不用买良田,书中自有千钟粟;安居不用架高堂,书中自有黄金屋;出门莫恨无人随,书中有马多如簇;娶妻莫恨无良媒,书中自有颜如玉;男儿若遂平生志,六经勤向窗前读。""十年寒窗无人问,一朝成名天下知",这里面有精华,也有糟粕。但是中华民族是崇尚知识崇尚读书崇尚学习的民族,这是一个非常好的传统,我们读书人都应是这个优良传统的捍卫者。

学习是责任、义务，更是一种权利。我们这辈人求学的时代正好赶上"文革"。那时升初中升高中甚至升大学是不需要考试的。自己申请、调查家庭出身、查验手上老茧、同学举手表决、大队书记批准都是必经程序。那时平民百姓能够得到一个上学的机会很不容易。知识可以改变命运。无数事实证明一个人没有知识是不能够在这个社会上立足的，没有知识是不能在这个社会上有什么发展的，没有知识也不可能有什么能力来服务这个社会的。

多年来我一直参与高考招生工作。有一年，一位女生考到了二本上下的成绩。按照当时的政策，我们可以争取把她录到二本学校。于是我就请示市考试院领导，最后获得批准。拿到录取通知书后，家长和孩子都很激动。因为我并不认识家长和学生，班主任老师领家长和孩子到我的办公室，家长介绍的情况让我也落下了眼泪。家长说，她养这个女儿不容易，孩子一岁时，孩子的父亲跟她离了婚，从此这个父亲没了踪影。她没有正式工作，硬是咬着牙，捡着垃圾把孩子养大，供孩子上了小学，上了初中，上了高中。我眼含泪水听完她的故事，安慰哭得不行的娘儿俩说：好好读书，好好学习，知识改变命运。孩子将来如何我不好预测，但我可以肯定地说，她将来肯定不会以捡垃圾为生了！

4. 善待自己。善待自己，就要多想自己的成功，少想自己的挫败。要以平和的心态对待自己。

魏书生说，人不要埋怨境遇。命运把你放在皇家花园，你应该长成参天大树。命运把你放在千山的石头缝中，你应该紧紧抓住大地，让自己生机勃勃，郁郁葱葱。

我平时喜欢看大家的作品，大家的访谈，因为那样可以站在巨人的肩膀上看得更远些。大家当中，我尤为喜欢语言学家周有光教授。

周有光教授原是复旦大学教授，五十年代就是一个很有名的经济学家了。除了研究经济，他对语言研究也很有兴趣。有一次，他参加一个语言研究的会议。会上发了一个言。领导一眼搭上了他。说，周有光，留下来研究语言吧。周有光说,我语言研究是个业余爱好,这哪行?领导说,业余爱好水平不低,留下来吧。服从组织安排。没想到,一句话让他研究了一辈子语言。

周教授研究语言很有成就。他经常到北京师范大学参加学术活动。一百多岁的高龄,这本身就是个奇迹,就是个焦点,偏偏老先生还很幽默,常常让人们笑个不停,并在笑声中得到人生的启迪。

有一次在北师大参加学术活动,老先生笑眯眯地说,我还可以回答两个问题啊!于是,一个年轻人就问他,周老您长寿的秘诀是什么?周老说,哪有什么秘诀啊?老天爷糊涂了,把我的名字忘了勾了,所以我当了漏网之鱼。其实,五十年代我遁入空门研究语言,也曾得到过意想不到的好处。我的那些研究经济的同行,政治运动一来,抓的抓,关的关,判的判,我便逃过一劫。你看,当了两次漏网之鱼,还不长寿吗?

周有光教授不怨天尤人,不意志消沉,做到了干一行、爱一行、专一行、精一行、成一行,在研究工作中不断享受着成长、成功、成就的快乐!

5. 善待自然。善待自然,就要多想怎么保护自然,少想怎么去破坏自然。要以建设的心态对待自然。

看电视访谈节目,有一位企业家的经历让我思考良久。

这位企业家办企业很有思路,也很成功,赚了太多的钱。大家知道,当一个人赚了太多钱的时候,钱就只是个数字了,完全失去了它的功利意义和世俗意义。所以你看,那么多富豪,都把钱投在慈善事业上,教育事业上。

这位企业家赚到钱后很苦恼,我办这企业干什么呢?赚这么多钱有什么用处呢?干脆,把企业关掉,把钱用到西部防沙工程上,不求回报,为民造福,落个安心,落个心静。

说干就干。几个亿投进去了。防沙工程成功了。绿油油的沙地灌木一片片长出来了。可问题出现了。原来,长得郁郁葱葱的灌木像毛竹一样必须每年砍下来才能长得更快。天啊，砍下来这么多灌木怎么运走呢？运到哪里去呢？

后来经过研究有了重大发现：这种灌木的热值比煤要高很多倍，完全可以用来生物发电。于是，一座相当规模的生物发电厂诞生了！

愁啊！本来不想赚钱的企业家又赚了更多的钱！保护自然有了意外的回报！

其实，讲这样一个故事，目的还是要告诉大家，善待自然，就会得到丰厚的回报。我们做教育的，要做到人我合一，身心合一，还要做到天人合一。

总之，我们要运用智力，付诸努力，强化毅力，抓住神力，不断成就事业。还要学会善待社会，善待他人，善待学习，善待自己，善待自然，以使自己能够在专业成长的过程中享受快乐，享受幸福。

第六节　教师当有作品现

教师以传道授业解惑为己任，任重道远，使命光荣。要办人民满意的教育需要人民满意的好教师。什么样子的人才是好教师呢？我们在教育管理中提出教师要有作品呈现。

一是要带出一个优秀班集体。魏书生说，一个教师如果不做班主任就是吃了大亏。但是做了班主任，怎么带好一个班，在此基础上怎么创建一个优秀的班集体确是一门科学。怎么带好一个班？我们认为，班主任应该让自己带的班级有一个共同的目标，一个美好的愿景，一种向上的精神，一套科学的制度，一个良好的班风。这应该是带好一个班的基本要求。但要创建一个优秀的班集体，班主任还要认真研究、遵循、运用好班级教育教学规律，比如教育受着社会政治、经济的制约，教育要发挥能动作用；教育要适应青少年身心发展和社会发展的需要；教育要协调好学校、社会和家庭之间的关系，协调好领导、科任教师和学生之间的关系，协调好遗传、环境和教育之间的关系等等。只有研究、遵循、运用好这些规律，优秀的班级才有希望形成。一个优秀的班集体是班主任老师的作品。

二是要教出一批好学生。作为教师，我们的生命在学生身上得到延续，他们是我们当之无愧的作品。什么是好学生？好学生应当是德智体美劳全面发展、和谐发展、可持续发展的。他们有理想，有道德，有文化，有纪律。教出一批好学生是教师的责任，教师的任务，教师的使命，也是教师的荣耀。我们教育工作者都知道，我们中国教育界有个教育活化石之称的教育家吕型伟先生。吕先生一生热爱教育工作，建树很多，生前曾说过他曾经是上万个学生的老师。学生中工农商学兵都有，有不少成功者。他说自己感到最欣慰的是，这些学生中没有一个人在"文革"期间上蹿下跳，没有一个人在改革开放时期犯罪胡闹的。这些学生是老人家最得意的作品，这作品无疑也是对先生长期从事教育工作的最高奖赏。

三是要写出一篇好文章。教师集专业学习、专业实践、专业研究于一身。从事几十年教育，作为教师，我们应该结合自己的学习、实践、研究写出一篇自己最得意的论文或论著。这不仅对自己是一种反思，一种总结，一种提升、一种激励，对他人也是一种借鉴，一种启发，一种帮助，一种引领。有位教育家说过，读书、教书、著书是教师的一种理想的生存方式，也是一种理想的生活方式。中外无数教育家的成长成功成就的历程都表明，只有教师有了这样的生存方式和生活方式，他才能在工作中发现乐趣，发现幸福。一篇好文章的意义不在于能否发表、出版、传播、得名，而在于那是教师的热情，教师的付出，教师的思考，教师的悟道。

四是要培养发展好自己。教师忠诚事业，教书育人，学生是教师的作品，其实教师培养发展好自己也是教师自己的作品。我们常常说教师的工作是"春蚕到死丝方尽，蜡炬成灰泪始干"的事业，这说明教师事业的崇高，但这不是教师工作的真正意义。其实，教师的工作还是充满希望的事业，我们教师既为学生幸福发展奠基，给学生以希望和未来，也为我们自己幸福发展奠基,给自己希望和未来。很多教师在三尺讲台上立德、立功、立言。作为教师,我们常常为学生和自己的成长呐喊,为学生和自己的成功雀跃,为学生和自己的成就喝彩。在与学生共同进步的同时,教师自己不断发展自己,不断提升自己,不断完善自己,自己成为自己的作品,这是教师这个职业特有的现象。不把自己当成作品来雕琢的教师是没有希望和未来的教师,也是没有快乐没有幸福没有成就的教师。

五是要育好自己的孩子。教师行为世范,在家庭教育中也应该发挥作用。教师成家立业后,有了自己的宝贝,"近水楼台先得月",一定要利用自己的教育知识、教育技能和教育优势打造、雕塑好自己家里这件独一无二的作品。教师教育好自己的孩子,有着多重的积极意义。其一是亲身感受教育的力量。教育能够改变人,塑造人,发展人,提升人,完善人。教育好自己的孩子,也是一种艺术,要晓之以理,动之以情,导之以行。在教育孩子的过程中,身为家长,身为教师,我们时刻感受着教育的力量。其二是便于了解孩子各方面的需求。"知子莫如父"。教育孩子的过程,也是了解孩子身心发展的过程,他们的愿望,他们的理想,他们的动机,他们的兴趣,他们的爱好,他们的诉求都一一真实地呈现在父母面前,推己及人,这是做好教育工作的基础。其三是为社会做出一份贡献。每一个孩子都是祖国的未来和希望,都是社会主义的建设者和接班人,教师把自己的孩子教育好也是多为国家做了一份贡献。其四是便于总结和推广自己的教育经验。教师教育自己的孩子的过程也是教师总结经验和教训的过程。孩子就是一块试验田,教育试验中,教师作为家长,肯定诚心、精心、细心、耐心、倾注爱心,教育过程中有成功,有挫折,这样的一种直接经验适时适地推广到其他孩子的教育过程中可能会产生意想不到的教育效果。

带出一个优秀班集体,教出一批好学生,写出一篇好文章,培养发展好自己,育好自己的孩子是教师应尽的职责,也是教师一生的职业追求。愿我们的同行们都能具有作品意识,并且能有更多更好的作品问世。

第七节　名优教师多贡献

名优教师是学校的宝贵资源和财富。近年来全国各个地方涌现出或培养出大批名优教师，比如我们天津市就已经有四批未来教育家奠基工程学员，若干批全国、市级和区县级优秀教师以及特级教师等等。名优教师数量不少，蔚为大观。有的地方，这些教师作用发挥得很好，但有的地方这些教师只是招牌和门面，久而久之，一些名优教师不名不优了，很快泯然众人矣。这是非常可惜的事情。其实，名优教师得名变优后，应该有更大的作为，更大的贡献。

首先，提升实践水平。名优教师之所以得名变优是因为其教育实践是有特质的，比如信念坚定，目标明确，过程扎实，自信执着，科学高效。但是，名优教师要提升实践水平，还需有更多的反思和研究。比如，要反思和研究自己的实践中还有哪些是可以再改进一下的，哪些还不如同行做得好，哪些方法还可以进一步优化，哪些模式还可以更加完美，哪些理念更符合教育教学规律。这些问题的反思和研究往往使得一个教师的实践水平提高一步，也往往使得一个教师的理论和实践更为成熟。反思和实践是创新的需要，也是提升的需要。一个教师就是再优秀，如果不反思，不研究，盲目自大，封闭自我，就失去了创新的机会。失去了创新的机会无疑就失去了改进的机会、提高的机会、变得更为优秀的机会。名优教师在这方面应该做得更好，只有这样，他才能够成为教育领域内的常青树和不老松，才能让更多人仿效和学习。

其次，带出优秀团队。一花独放不是春，百花盛开春满园。一个教师自己优秀作用甚微，他要发挥领导、引领、带动作用。在他的感召下，要形成一个人数众多的优秀团队。这个团队应该有共同的理想，共同的愿景，共同的追求，共同的目标。全国各地成立的名师工作室大都有这方面的考量。就是想以工作室为载体，为中心，为媒介，走出去，请进来，立典型，树榜样，给任务，压担子，做课题，出方案，千方百计促进更多年轻教师尽快成长。工作室发挥辐射作用，把优秀教师的先进教育理念，先进教育方法传播出去，传播开来，使得一大批有志向的青年教师聚集在名优教师周围，逐渐地，学校风气变了，教师精神状态变了，一个优秀的教师团队形成了。在一所学校里，当一个学科团队形成时，这个学科就会变成优势学科。而当多个学科团队形成时，这个学校就势不可当，一定会创造辉煌了。

再次，扩大教育影响。一个名优教师的影响大小取决于他的教育教学理念的传播范围和教育教学方法的推广规模。我们看一看全国的名师，他们确实是师德的表率，育人的模范，教学的专家，教研的能手，教改的专家，理论和实践确有建树，加之媒体和个体的宣传和传播也确实到位，因此，他们在教育领域内的影响如日中天。比较看来，我们有些名优教师在一些方面做得也很好，但在业内却影响甚微。原因是多方面的，一是学校对他们的深度宣传不够，二是他们自己主动性较差，三是缺少一个让他们展示自己的平台。因此，我们需要积极做些工作。一方面，要积极鼓励名优教师主动展现自我，宣传自我。另一方面，要积极创造条件为名优教师搭建展现自我、宣传自我的平台。好酒也怕巷子深，好的理念和方法足不出户，束之高阁，对名优教师本人来说是一种浪费，对教育事业来讲，也是一种损失。所以，借助现代媒体的传播，对名优教师进行实事求是的宣传和推介，对于扩大名优教师的教育影响，对于打造一支德艺双馨的教师队伍，对于促进教育事业的长远发展意义重大。

最后，形成思想高地。名优教师的最高境界是什么？恐怕不是单纯地能做一节漂亮的公开课，能带出一个优秀的班集体，当然，这些对一般教师重要，对名优教师也很重要。但对一个名优教师的要求要远远高于这些，即应该形成思想高地。名优教师的贡献在于思想，即教育思想、教学思想、管理思想等等。思想决定行为，思想引领行动。几千年的中国教育史乃至世界教育史是由无数个有着伟大理想和伟大实践的伟大教育思想家创造的。翻开教育史册你会看到中国的孔子、孟子、蔡元培、陶行知，你也会看到外国的苏格拉底、柏拉图、夸美纽斯、赫尔巴特和杜威。我们耳熟能详的教育名家还有苏霍姆林斯基、霍懋征、吕型伟等，他们也是我们的楷模。这些名家的贡献不仅在于他们带出了多少弟子，更在于他们提出了自己的思想，如有教无类，民贵君轻，个性自由，教学做合一，和谐发展，顺应自然，从做中学等等。当我们今天在进行教育理论研究和教育实践探索的时候，我们不禁为这些先贤和前辈的思想高度而由衷赞叹。我们今天的名优教师们也在书写着创造着教育的历史，在这个过程中一定也要向先贤和前辈那样能够站得高，望得远，以形成自己的教育思想高地。我们期待着。

总之，名优教师成名后，任重而道远，只要再接再厉，他们就能为教育做出更大的贡献。

第八节　面向世界环望眼

长期从事基础教育教学实践和理论研究，其间经常会和西方的教育教学理论碰面，但西方真实的课堂是什么样的，西方真实的课堂教学是什么样的，特别是西方的学生都为啥而学习，一直是我感兴趣的问题。最近随天津创新教育和STEM教育考察团到美国和加拿大进行短期考察交流，终于有机会一窥究竟。

美国、加拿大社会制度与我们不同，他们的教育与我们的教育有很大的差异。细致观察其社会教育机构、幼儿园、中小学课堂和课程设置，美国、加拿大的学生是为着不同的教育目的而学习的。

一、为发展而学

柏拉图说，教育是将人从低处引向高处，从黑暗处引向光明处的事业。我们认为这是教育的目的，教育的作用，教育的益处所在。学生学习就是帮助自己发展，促进自己提升。美国、加拿大的教育注重促进学生发展特别是全面、和谐、可持续发展。我们到加拿大温哥华地区的高贵林教育局考察，负责人 Bob 告诉我们，加拿大的大学教育是宽进严出的。因此学生在小学、初中、高中阶段需要打下良好的知识、技能基础，要特别关注核心素养的养成。学生通过这几个阶段的学习，能够发展自己，丰富自己，完善自己。高中毕业后不论他们是直接参加工作（不在少数）还是继续深造都能够有足够的能力应对各种挑战，能够在不断发展、竞争激烈的社会中立稳脚跟。

二、为创新而学

创新是教育发展的一个主题，没有创新，社会就没有发展，人类就没有未来。教育创新的起点是反思。美国华盛顿特区的一个学区教育长 Dion 介绍说，他一直在反思美国的数学教育，他说 20 世纪 80 年代他上学的时候，美国的数学就那么教那么学，他知道那些方法不行。可几十年过去了，现在还那么教那么学，这绝对不行，应该创新教育方法，多向中国同行学习。加拿大皇桥高中的校长 Jim Ion 曾 21 次来中国，并在上海工作过一段时间，他说创新教育很重要，中国同行有很多值得借鉴的好方法。他认为，创新教育进课堂有五种方法：一是作业不拘一格；二是为创新教育留点时间；三是用相关技术扩展作业思维；四是将非传统学习材料引入课堂；五是鼓励学生开展讨论。他的这些方法正在使学生的学习发生变化。

三、为兴趣而学

兴趣是最好的老师，没有兴趣的学习是枯燥的，是乏味的，是低效的，是没有意义的。我们在弗吉尼亚理工大学动动脑筋 Thinkabit 实验室看到很多孩子在接受 STEM 教育。孙伟博士介绍说，进行 STEM 教育首先要弄清什么是科学，什么是技术，什么是工程，什么是数学，什么是 STEM。

她说科学强调问题意识,技术强调对自然世界改造,工程强调产品设计,数学强调逻辑思维。STEM不仅仅是课程或课程组合,更多的是强调理念、方法和整合。对于如何做好STEM,她建议要以项目为基,着重培养学生的合作能力、自主性和创新力。要教育我们的学生在学习中不怕犯错误,要为犯更好的错误做好准备,在错误中学习,在错误中进步,在错误中成长,其间重点是培养学生的兴趣。我们仔细地观察了他们STEM教育的课堂情况,发现一大群不同肤色的孩子正满头大汗、饶有兴趣地相互讨论、合作设计、自行制作、展示作品。我们在想,也许在不远的将来他们之中将会走出一批设计师、工程师,或许也会产生几个有影响的科学巨匠、技术巨擘、工程大腕或数学大师。

四、为有用而学

学习的目的在于应用,在于学生将来能够成为社会的有用之才。我们的教育有博雅教育,有实用教育。但不管怎样,学生走出校门就要走入职场,就要从事某一个职业,人人如此,概莫能外。从某种意义上来讲,每个人所接受的都是职业的教育。毋庸讳言,好的教育到头来就是让无业者有业,让有业者乐业,让乐业者精业,让精业者立业。美国的教育在这方面做得直接而有效。有趣的是,我们在弗吉尼亚理工大学动动脑筋实验室看到他们用于职业生涯教育的一串串塑料牌卡。塑料牌卡的正面写着职业的名称,如教师、厨师、IT工程师、金融分析师、人力资源师等等,牌卡的反面则明确写着这个职业的性质,这个职业的职责,这个职业的就业前景,这个职业要求的学历层次和大数据下这个职业目前的平均薪金。学生原来对职业是懵懂的,看到这个牌卡后,会初步地对自己未来的职业有个选择和设计,意志坚定的学生此后定会为自己的理想而努力拼搏。我们认为这样一种职业生涯教育非常直观而有效。

五、为未来而学

未来的世界是多民族文化相互融合的世界。未来,你我他会生活在一个和谐的地球村里。因此教育面向未来,学生为未来而学就更有意义。美国和加拿大的教育非常超前,这一点我们在幼儿园里都能感受得到。我们曾访问一个弗吉尼亚州社区幼儿园。这个幼儿园办得有特色。幼儿园创始人介绍说,多年前因为自己的孩子没有合适的幼儿园可上,于是便和朋友商量合伙办起了一所幼儿园。幼儿园从招收少量短期学习语言的幼儿开始,到现在声誉日隆成为全美优秀的免费的幼儿培育中心。这个园的老师来自 15 个国家,墙上挂着 15 个国家的国旗,幼儿则来自世界很多国家。园长说,他们是要培养能够适应未来社会和个体发展需要的世界公民,使得他们长大以后能够在世界村发挥作用。我们观察到这个幼儿园开设了多种外语,如英语、法语、西班牙语和汉语。园长是全美学前教育有影响的专家,操流利的英语、法语和西班牙语。园里聘认的教师具有较好的职业素养,外语水平都比较高。此外,幼儿园重视学法研究,我们印象深刻的是他们提出的完全浸入式外语教学法十分有效。我们观察了一个法语课堂,老师用法语借助绘图本给孩子们讲雪人的故事,孩子们用法语积极参与、踊跃发言,课堂是真正的法语游戏和活动课堂。据园长介绍,有的时候孩子们会用英语提出要求,老师仍然用法语作答,这就迫使孩子不得不用目标语进行交流。据介绍,这个幼儿园培养出来的孩子现在有很多已经长大成人,在全球各个领域各个行业表现十分突出。

六、为卓越而学

我们倡导办好人民满意的教育,而人民满意的教育有很多种评价指标,但最终还是公平而有质量。公平是基础,有质量是追求。有质量的教育是中国教育几千年来的追求,当然也是世界各国教育发展的追求。我们认为,美国教育在公平基础之上的对于精英教育质量的重视是一贯的,是持续的,是卓有成效的,这一点从他们诺奖获得者的人数上就可以得到证实。美国学生表面上看轻轻松松,十分悠闲,其实他们一大部分学生理想远大,他们在为卓越而学习,而努力,而拼搏。我的一位朋友的孩子在美国。他电话里介绍说，他的孙女在初中时智商测验为天才级，学校竭尽全力对其进行重点培养。考高中时这个孩子考到了马里兰州最好的高中，并且进入到这个高中的唯一一个数学天才班里。在这样一个教育环境里，孩子们个个比先争优，追求卓越。令老师吃惊和高兴的是，这个孩子数学考试回回考满分，前一段汉语考试也拿到了班里唯一一个满分——800分。可以说，美国一大群这样的天才孩子正在不同的学校为卓越学习着，这也是一个国家未来的发展希望所在。

  为发展而学，为创新而学，为兴趣而学，为有用而学，为未来而学，为卓越而学，我们中国教育在保持我们优势的同时也该从中学习到点什么。

第四章

与大家共研究

研究是教师专业成长的保证。要研究规律，研究方法，在研究中提高大家分析问题、解决问题的能力。

第一节 魔力来自教科研

记不得是从哪一年哪一月起，开始了自己所谓的教育研究。后来我惊奇地发现，教育研究太有魔力，它让自己的教育生活五彩斑斓，充满活力。多少年过去了，全然不知老之将至，今夕是何年。可谓：偶遇教育研究，实乃一生幸运！

教育研究有魔力，它让你朝思暮想。从事教育教学和管理工作几十年，对某一教育现象和教育问题的思考和探究往往让我身陷其中，欲罢不能。看到一个现象，心中就有一个问题，自此竟然茶不思，饭不想，夜不能寐，辗转反侧，一番思考和研究后，最终茅塞顿开，豁然开朗。那种收获和喜悦是不搞教育研究的人所不能体验到的。

教育研究有魔力，它让你超越鲁莽。几十年的教育实践告诉我，教育发展是有着自身的规律的，鲁莽的实践、盲目的创新会葬送教育，最终不但不能有所收获，还会将教育引入歧途。几十年里，面对减负，面对素质教育，面对课程改革我们不是鲁莽行事，盲目跟风，而是认真研究规律，遵循规律，运用规律，使得我们天铁教育改革始终能够走在前沿，教育质量和水平多年能够位于全市前列。

教育研究有魔力，它让你血脉偾张。教育研究给人以不竭的动力，这是无数优秀教师从事教育研究所证明了的。大家知道，教师从事繁重的教学工作、班主任工作或教学管理工作会有倦怠的时候，但奇怪的是，你在业务工作之外又加了教育研究这道工序，反倒没有了疲劳，没有了倦怠，何故？苏霍姆林斯基早有论述：如果要使教师的工作有些乐趣的话，应该引导他们走到教育研究的道路上来。古人云，好之者不如乐之者。你想，工作要是有了乐趣，我们还愁动力么？

教育研究有魔力，它让你神采飞扬。我常跟年轻的教师们说，有没有教育研究是普通教师和优秀教师的分水岭。你可以观察一下，从事教育不做研究的教师会越做越累，越做越没有长进，越做越精神萎靡，而从事研究的教师则会青春永驻，一直精神百倍，气势如虹。无疑，良好的精神面貌来自研究中积极的思考，积极的探索。很多名师如季羡林、霍懋征、魏书生等成功的教育案例都能充分证明这一点。

教育研究有魔力，它让你快速成长。教师专业成长是专业知识增进、专业技能提升、专业思想成熟的过程。教育研究使得教师不仅能够不断改进工作方法，进而提高工作绩效，而且能够不断丰富其专业思想，帮助他逐步向优秀教师靠近。几十年的教育研究，见证了我的专业成长历程：几十年里有400余篇论文发表，成为四家报纸、杂志专栏作家，主编、出版书籍20种，成为学士、硕士、博士，成为英语特级教师，成为天津市人民政府兼职督学，成为天津师范大学教师教育兼职教授、专业硕士指导教师，还曾作为基础教育界唯一一位英语教师，因研究成果突出，荣获全国钢铁工业劳动模范称号。

教师专业成长的基本途径是学、做、研。专业学习是基础，课堂实践是关键，理论研究则是保障。但遗憾的是，很多同行只是注意了学和做，而对于研究特别是理论研究则不太关注。我和同事们注意到了这个问题，在天铁教育中心的支持下,成立了专家工作室,几年里我们招徒弟,组团队,定课题,搞研究,取得了丰硕的成果。作为首席专家和导师,我自己身先士卒,六年中在天津教育、天津教育报专栏中公开发表了100多篇文章,后来收录在广西师大出版社出版的《学校教育100课》中,100篇文章题材广泛,涉及教育政策、教育理论、教学理论、教研理论、管理理论、教师成长、学生成长、学校成长、教育改革、家庭教育等诸方面。

教育研究魔力无穷。多年的教育研究让我乐趣多多,收获多多,进步多多。但愿我们更多的同行投身到教育研究中来。倘如此,我们教师的专业成长就会逐步进入快车道,教师们的职业生涯就会大放异彩。

第二节 谈谈写作与答辩

长期担任教育硕士兼职指导教师、论文评阅外审专家和答辩委员会主席,在教育学专业学位论文指导、评阅和答辩中观察和注意到了一些问题,谨以此文与大家做一个交流,我谓之"十六问、十六看"。

一、问题目,看选题方向

一篇论文首先要根据研究内容确定一个题目。题目是文章的眼,它是研究选题的方向。因此,一个课题要做好,一篇文章要写好,首要的就是要定好题目。什么是好的题目呢?我们认为,好的题目就是一个好的问题。安德生(G. Anderson)将好的问题特征归纳为十个方面,他的观点值得我们参考:一是问题能被清晰准确地表述;二是问题能概括与研究有关的一系列具体问题;三是问题具有理论背景;四是问题与一个或多个学术研究领域相关;五是问题具有一定的研究文献供参考;六是问题具有潜在的意义和重要性;七是问题能在一定的时间和经费范围内完成;八是能够获得或收集到足够的资料;九是研究者采用的方法适合于这个问题;十是问题是新的，还没有充分满意的答案。① 可以说，他的意见非常具体，对于我们选题立意有指导意义。

值得注意的是，选择题目时要注意四忌：一忌大而空，比如"我论英语教育"。二忌大而虚，比如"试论英语教学"。三忌大而全，比如"浅论英语知识教学和技能教学"。四忌大而偏，比如"谈谈清朝早期英语素质教育"等。

二、问缘起，看目的意义

缘起，原是佛教用语，认为凡是存在之法皆是由诸缘和合生起。论文中的缘起是指研究者的选题动机触发。论文课题是怎样纳入研究者视线的，这里面有个动机问题，而动机的触发无疑是由于多方面的问题需要促成的。

一般来讲，问题源自这么几个方面：

第一，平日关注。论者对某个教育现象和教育问题关注时间长了思考时间长了，这些现象和问题就容易成为我们感兴趣的研究课题。

第二，理论争鸣。在教学中、研究中我们发现教育理论上的讨论、探讨、争论有很多，这些都极为容易成为我们选题的兴趣点。

第三，实践探索。长期从事教育教学教研和管理实践，教育实践中亟待解决的重点问题、热点问题、难点问题和疑点问题容易成为我们研究的对象。

第四，任务驱动。为了推动教育研究工作，我们上级教育主管部门或学术机构经常下达课题任务，这些任务也可以成为我们研究的课题。

第五，历史钩沉。教育变革与发展过程中的历史事件可以作为研究课题进行深入研究，这方面的选题以史学研究为主。

第六，典型案例。国家、省市、地区、学校或个人某一典型教育案例

---

① Anderson. G. Fundamentals of Education Research（2Ed）[M]. London：The Falmer Press，1999：39-41.

可以作为研究对象进行研究，这样的课题往往更有说服力和影响力。

三、问结构，看条理逻辑

论文撰写有谋篇布局的要求和自身逻辑。我们看一篇论文结构上有没有条理，逻辑上是否严密，可以自我审思一下如下几个方面是否做得到位：

首先，目录是否完整。看一篇论文首先要看目录，一个完整的目录是研究的线索和脉络，也是研究的思路条理和内在逻辑。

其次，全文是否连贯。研究是一个由此及彼、由表及里、由浅入深的过程。论文的全文应该反映出研究推演的连贯过程。

再次，前后是否呼应。论文的撰写在学理上应该能够自洽或者能够自圆其说，前后叙述、分析应该保持一致。

最后，中心是否聚焦。文章一般只有一个中心，不仅论点要为它服务，所有论据分析都应该为这个中心服务。聚焦中心是论文的基本要求也是最高要求。

四、问综述，看文献批判

文献综述对于一篇论文是很重要的，它应该占一定篇幅，但往往被论者忽视。

文献综述宏观上要求应该既有与课题研究有关的国外研究成果综述，也要有国内研究成果综述。在微观上要求要有与课题有关的不同侧面、不同角度、不同观点的研究成果综述。

在文献梳理的基础上，要进行全面的分析，并在分析的基础上，进行文献述评。文献述评字数不多，但却十分重要，它是选题方向是否正确、研究能否深入、能否取得成果的关键。文献述评要有肯定，肯定现有研究的成果和学术贡献，同时运用批判的态度找出已有研究的不足和缺陷，确定自己研究的方向和重点。

目前有些论文形式上虽有综述，但做得并不扎实。表现在以下几个方面：一是材料堆砌，没有梳理。二是虽有梳理，没有分析。三是虽有分析，没有找到自己论文要研究的重点和方向。这样的论文做出来肯定质量不高。

五、问创新，看学术贡献

研究贵在创新，特别是硕士、博士论文有创新的要求。那么研究怎样才能出新呢？建议论者在如下方面做出努力：

第一，丰富理论。我们的研究一般是在理论指导之下完成的，但是理论的丰富是一代代学人不断思考不断凝练的过程，其间，前人或同人的理论为我们所借鉴，所运用。在这一过程中，我们会发现其中的缺陷或者不足，通过研究提出我们的观点，这是一种理论的创新。

第二，提升实践。我们有的研究是行动研究，行动研究强调实践。实践的过程是理论得到运用、得到验证的过程，也是实践水平和实践质量得以提升的过程。这是一种实践的创新。

第三，优化方法。研究过程中我们要运用各种各样的方法，这些方法和手段在研究中不断地得以修正以适应研究对象、研究内容和研究目的，方法的优化本身无疑也是一种创新。

第四，完善制度。研究不是无病呻吟，要求我们要解决实际问题，解决实际问题使得我们的研究具有实际价值。教育研究中的实际问题大都是制度中的问题，我们的研究能够为促进制度完善做一点工作，从而促进教育健康发展，当然更是一种有价值的创新和贡献。

六、问理论，看知识积淀

研究过程中我们都有一定的理论遵循，在写作过程中，理论特别是经典理论便是我们立论的圭臬。某种意义上来讲，论文中理论基础和依据可以反映出作者的知识积淀。

从内容上看，理论大致应该包括教育学理论、心理学理论、教育管理学理论、课程与教学论理论、教育统计学理论、教育社会学理论、教育行政学理论、教育史学理论、教育哲学理论等等。

看论者一篇论文的理论基础是否充分，依据是否适切，有这么几个着眼点：

第一，论者是否知道该理论的内涵。内涵是指一个概念所概括的思维对象本质特有的属性的总和。例如科学主义理论、人本主义理论等等它们的本质属性是什么，把握内涵使得讨论更为精准。

第二，论者是否明确该理论的外延。外延是指一个概念所概括的思维对象的数量或者范围。明确外延便有了明确的范围阈限，可以使得讨论处于可控状态。

第三，论者是否知晓该理论形成发展的历史和影响。理解理论形成和发展的过程以及影响，便知道理论形成和发展的背景以及作用，使得我们的讨论更加生动而有意义。

七、问语言，看文字功底

语言是思维的产物，也是思维成果的载体。论文形式上看是论者书面语言的运用，本质上是论者的思维成果展现。论者的语言优劣，很大程度上决定着论文的质量高低。

我们看一篇论文的语言，主要看以下几个方面：

第一，文字。文中不能有缺字、错字、别字和不规范用字。一篇错别字连篇的论文不仅关涉水平还关涉态度。

第二，修辞。要看比喻、比拟、夸张、反问、反复、反诘、设问、对比、对偶、借代、引用、双关、排比、顶真、回文等各种修辞格运用是否得当。

第三，标点。标点看似事小，但意义非凡。正确运用标点是书面语言的基本功之一。标点有意义，标点有逻辑，因此标点并非可有可无，乱点标点是一篇学术论文所不能容忍的。

第四，摘要。摘要包括中文摘要和英文摘要，虽然只有几百字，但浓缩的都是精华。摘要是论文的门面和文章给人的第一印象，最能体现作者文字水平，作者需要高度重视。

八、问表述，看行文能力

语言表述与文字能力、文字水平有关，又不完全是文字能力和文字水平，它体现的是论者的行文能力也即谋篇布局、遣词造句的能力。我们认为，行文能力要重点考量如下六点：

第一，流畅性。论文行文首先要求文从字顺，通达流畅。一篇质量上乘的论文读来要让人有种美的享受。

第二，连贯性。论文句子与句子，意群与意群，段落与段落，上文与下文要有衔接，有过渡，有呼应。

第三，简洁性。论文行文不能拖泥带水，冗长拖沓，要言简意赅，简洁明快。要用好主题句，设计好主题段。

第四，准确性。学术论文用语要科学、准确。准确性要求在论述上不能含糊其词、夸大其词或无中生有。

第五，趣味性。尽管是学术论文，也不是板着面孔说话。行文在严谨的基础上，要尽量灵动有趣。

第六，系统性。学术论文行文要系统完整、布局有序，忌章法紊乱，支离破碎。

九、问工具，看信度效度

研究需要不同的工具，如调查量表、访谈问卷等等。调查量表和访谈问卷的制订需要十分注意，一是要注意目的性，二是要注意科学性。调查和访谈以后，要用可靠的软件如SPSS等工具进行统计分析。有的调查必要时还要进行预测，不适合的题项还需要删掉然后再正式施测，以保证调查和访谈的信度和效度。

　　信度很重要。什么是信度呢？信度是指测验结果的一致性、稳定性及可靠性，一般多以内部一致性来表示该测验信度的高低。比如，在对同一对象进行测量时，多次测量结果都很接近，大家会认为这个结果是可信的，真实的，也就是信度较高。如果测量以后其结果差异很大，则信度较低。一般认为，信度系数愈高，该测验的结果就愈一致、稳定与可靠。

　　效度也很重要。什么是效度呢？效度即有效性，它是指测量工具或手段能够准确测出所需测量的事物的程度。效度是指所测量到的结果反映所想要考察内容的程度，测量结果与要考察的内容越吻合，则效度越高；反之，则效度越低。

　　一般来讲，学士论文使用的工具简单一点，硕士以上论文使用的工具要复杂一些。工具不论简单还是复杂，都要保证信度和效度，这是研究的基本要求。

十、问方法，看研究路径

　　研究方法有很多种，宏观上看有质性研究和量化研究两种研究路径。综合多位专家的意见，两种研究路径下，大致有如下一些具体的研究方法。

　　一是文献研究法，也称历史文献法，是通过阅读、分析、整理有关文献材料，全面、正确地研究某一问题的方法。①

　　二是历史研究法，是运用历史资料，按照历史发展的顺序对过去事件进行研究的方法。

　　三是校本研究法，是以校为本的研究方法。

　　四是人种志研究法，是研究者与研究对象交互作用进行实地调查研究的方法。

---

① 顾明远. 教育大辞典（增订合编本下）[M]. 上海：上海教育出版社，1998：1630.

五是相关研究法,是证明两个变量之间是否存在相关并说明这种相关性质的研究方法。

六是调查研究法,是通过考察了解客观情况直接获取有关资料,并对这些材料进行分析的研究方法。

七是实验研究法,是通过控制和操纵一个或多个自变量并观察因变量相应变化以检验假设的研究方法。

八是行动研究法,是以实践中的实践者为主体,以实践者在实践中遇到的问题为课题,在实践中解决问题并为了实践的一种研究活动。

九是作品分析研究法,是对诸如作业、作文、笔记、模型、手工制品等活动产品进行分析的方法。

十是个案研究法,是对某一个体、某一群体或某一组织在较长时间里连续进行调查,从而研究其行为发展变化的全过程的方法,也称案例研究法。

十一是教育叙事研究法,是以叙事的方式开展教育研究的方法等。

每种科研方法都有一定的作用和要求。选择哪一种研究方法要依据研究目标、研究内容和研究对象而确定。俗语说,方法对头,则事半功倍。研究方法对头,才能保证研究的路径正确。

十一、问规范,看学术训练

规范是学术论文的基本要求,一篇论文规范与否体现作者的学术训练是否规范。一般来讲,论文的规范性表现在如下几个方面:

第一,引用规范。论文要有一定的引用,引用的来源主要是专著、期刊、报纸、学位论文、会议论文集和电子文献等。按照学术规范,要明确地标明哪些是引用他人的成果,正文、脚下注和参考文献都要按要求标明。

第二,量表规范。制定的调查量表要科学规范,量表中的维度设计逻辑上要自洽,实际测得的数据不得伪造、更改。

第三，问卷规范。问卷中的问题要依据所要研究的内容进行设计，问卷中基本信息要避免数字上的相互包含、相互重叠，以防实测数据失真，影响调查信度和效度。

第四，术语规范。论文中所用的名称、概念、定义等都要符合学术要求，措辞要严谨，表述要规范。

第五，过程规范。研究过程中每一个步骤每一个环节包括预测、正式施测、测后分析及其建议等都要按规范进行。

第六，编辑规范。一篇论文呈现给读者或答辩委员会时，应该规整、美观，编辑要规范，比如大标题、小标题和正文字号，序号前后排列等，中英文专著、期刊、学位论文、会议论文、电子文献前后排序等等都要符合基本要求。

十二、问结论，看证实证伪

研究结论是论文的核心部分，也是研究的最终成果，论者要认真叙述，完整呈现。总的要求是：

第一，科学准确。研究结论要实事求是，要把研究意图、研究结果完整准确地呈现给读者和答辩委员会。

第二，简约明白。研究结论要用最简洁并且尽可能通俗易懂的语言来描述，使得读者能够迅速并完全明白你的研究取得了哪些成果。

第三，评价客观。一项实证性或量化的研究需要有一个假设，研究的过程是个证实或者证伪的过程。经过一个完整的研究过程，作者应该对于假设证实或者证伪给予明确的交代、说明或客观评价，这也是研究的目的性要求。

十三、问建议，看实践价值

通过对存在问题和缺陷的分析，论者要给出对策建议，这是论文的关键部分。在给出对策建议时有几个问题需要引起论者注意。

一忌撇离主题。研究是围绕主题进行的，问卷、访谈、问题分析等都是如此，因此建议不能另起炉灶，另说另话，要围绕要解决的问题给出对策建议。一般来讲，论文中的对策建议应该与前面的问题相对应。

二忌简单随意。问题讨论要紧扣主题，不能为了凑字数、扩篇幅漫无边际地胡侃。对策建议要以解决问题为鹄的，不能只是简单发发议论，胡乱给点意见，需要反复斟酌，慎重表述。

三忌言不由衷。对研究过程中发现的问题，经过统计梳理分析等环节，应该有自己明确的观点和看法，这些观点和看法要在对策建议中真实地反映出来，不能面对真实问题顾左右而言他。

四忌不切实际。对策建议要具体，具有可操作性，忌空话、套话、无用话，只有这样，我们的研究才有实际意义和实践价值。

十四、问收获，看学术悟道

一个研究做下来，一篇论文写出来，便是一种学业的进步和提升，其中主要看以下几个方面是否有所增进。

一是看知识是否有所增进。研究是以与课题相关的知识为基础的，通过研究前、研究中、研究后的相关的知识学习，研究者对有关知识应该有所积累，有所积淀。

二是看能力是否有所增进。研究的过程和论文撰写的过程是论者分析问题、解决问题的能力提升的过程，也是作者独立科研能力和论文写作能力提升的过程。

三是看觉悟是否有所增进。研究过程中通过提出问题、分析问题、解决问题，论者应该有所发现、有所思考、有所醒觉、有所悟道，这也是我们的研究应该达到的目的之一。

十五、问不足，看发展潜能

研究是永无止境的。回顾自己的研究过程，肯定会有很多局限、很多遗憾、很多缺陷、很多需要改进的地方。知道不足，才有进步和发展的潜能。要重点审视以下几个方面：

一是资料收集与积累是否还有不足。研究有时限，论文撰写有时限，论文提交有时限，时间限制可能会导致作者在资料收集与积累上不是非常充分，这是常常遇到的问题。论者对此有清醒的认知对将来继续研究有诸多益处。

二是研究方法与运用是否还有不足。由于作者原有的研究角度、眼界或视域限制，运用何种研究方法或者研究方法组合才能提升研究质量、提升研究水平可能是个纠结的问题。通过答辩专家的指点，可能会有一个更加优化的方案。

三是研究深度与广度是否还有不足。任何一种研究都不是十全十美的。研究的深度与广度是每一个作者都应该追求的一个理想状态。现有的不足，将是未来研究的一个着力点，论者应有必要的反思。

十六、问情怀，看学术志向

经历了一个研究的过程，论者明确了自己的不足，便要立志有所改进，有所提升，这是一种情怀，也是一种志向。对作者情怀和志向的考量至少有如下三个方面。

一是进一步研究的愿景与方案。作者未来的研究有没有一个长远的计划，研究中还有哪些具体的打算和想法，有没有一个相对清晰的方案，这是作者未来研究取得更多成果的前提。

二是进一步研究的方法与手段。作者未来研究在方法和手段上应有怎样的改进和提升，以便取得更好的研究效果。明确这一点，是作者未来研究取得更多成果的关键。

三是进一步研究的创新与影响。现有研究是在前人和同人研究基础上的创新，未来研究则应该在此创新基础上百尺竿头更进一步取得更大创新，并形成应有的影响。为此，作者需要有进一步研究的情怀，当然更需要有进一步研究取得成果的志向,这种情怀和志向是每一位学人都该具备的。

综上,教育学专业学位论文的写作和答辩至少或应不止有这几个方面的"问"和"看",本文意在抛砖引玉,非常期待业界同人进一步共同探讨,以提升教育学学位论文写作和答辩的水平。

第五章

与大家共交流

第一节 合作交流天地宽

交流是教师专业成长的助力。与大家相互交流、相互学习可以撞击出教育思想、教育理念、教育艺术、教育方法智慧的火花,可以深化大家对教育理论和实践的思考,并能够扩大教育影响。

在多年的名师工作室、名校长工作室、特级教师工作室、名师工作室领衔人深度培养和专业硕士导师工作中,我注重收集大家学习、工作和研究的反馈信息,注重倾听大家的意见和建议,注重与大家进行思想、理念和方法的交流,真正做到了教学相长,共同提高。本章拟请大家谈一谈工作室研修或者学位学习中的一些体会和感悟。

学校管理之"中心论"
——陈自鹏老师教育管理思想解读

牛怀德

我和陈老师相识于1994年,那时我是天铁三中教务主任,陈老师是天铁二中副校长,1998年陈老师任职教委副主任后才有了更多的接触和了解，在工作和生活中时常为陈老师的人格魅力所感动、学术魅力所折服，陈老师对我帮助最大的不仅是人文的关怀，更是专业的指导和思想的引领。同事们都惊诧于陈老师的学习力和意志力，无论做什么，都能做到踏石留印，抓铁有痕。我记得著名教育家魏书生给陈老师签名："自鹏：自强不息，鹏程万里"。名如其人，名副其实。您看：他做学生，做到了博士；他做教师，做到了特级教师；他做管理，做到了教委主任；他做研究，做到了研究生导师；他做文学，以文学的语言诠释教育的故事，用了一年的时间100多篇近15万字的小说结集出版。样样工作都做到了极致，实属不易，令人有"仰之弥高，钻之弥坚"之感。陈老师30多年的学习、工作与研究，形成了教育管理、学科教学全面系统的教育理论和独特的教育思想，其中，英语教育百年变革研究填补了国内相关研究的空白。这些理论和思想不仅影响了我个人的成长和进步，更是推动了天铁教育的跨越发展，是天铁乃至全国教育领域宝贵的理论财富。陈老师教育思想内涵丰富，涵盖教育、教学和管理多个方面，下面仅就其管理思想的核心内容"中心论"，谈谈自己的理解。

陈老师的"中心论"认为，学校一切工作应以教学为中心，教学以课堂教学为中心，课堂教学以教和学为中心，教和学以学为中心，学以学生发展为中心，学生发展以幸福快乐为中心。

一、"中心论"明确了学校教育工作的重点——教学

教育从广义上是指"凡是增进人们的知识和技能，影响人们的思想品德的活动，都是教育"，教育从狭义来讲"主要指学校教育，其含义是教育者根据一定社会和阶级的要求，有目的、有计划、有组织地对受教育者的身心施加影响，把他们培养成为一定社会或阶级所需要的人的活动"，学校是教育和学习的主要场所，学校教学是指学校向学生传授知识技能，灌输思想和观点，培养习惯和行为等的总和。学校工作千头万绪，但重点是教学，一所学校教学管理工作的好坏，直接影响着学校多项工作的质量

和学生的质量，往大处说，关乎国家兴旺和民族振兴，往小处讲，事关个人前程和家庭希望。因此，教学质量是学校的生命线，学校一定要抓住教学这一关键性工作，把它作为学校管理工作的中心。

二、"中心论"明确了教学组织的基本策略——课堂教学

教学活动总是通过一定的组织策略有条不紊进行的。教学组织策略是实现教学目的、完成教学任务的工具和手段，教学组织策略的产生和发展也有一个历史过程，教育史上曾先后出现过个别教学、课堂教学、设计教学、道尔顿制和现场教学等不同的组织策略，其中，影响最大的是课堂教学，课堂教学也叫班级授课制，是将学生将大致相同的年龄和知识程度编成班级，教师按照教学大纲规定的内容和固定的教学时间表进行教学的一种组织策略。班级教学最早萌芽于16世纪西欧一些国家的学校中，捷克教育家夸美纽斯在自己实践的基础上，于1632年发表了《大教学论》，为班级授课制奠定了理论基础，我国使用班级授课制始于1862年清政府在北京开设的京师同文馆，1902年清政府颁布了《钦定学堂章程》，宣布废科举兴学堂，班级授课制在我国开始普遍推广，成为我国教学的基本组织策略和实施学校中心工作的重要途径。

三、"中心论"突出了教育的主体——教师和学生

在教育史上，关于教师和学生在教育过程中的地位问题，曾经有过激烈的争论，并形成两大流派。以赫尔巴特为代表的"教师中心说"，认为"学生对教师必须保持一致被动的状态"，学生在教育过程中是一种完全消极被动地接受外来影响的客体，他们学什么，怎么学，都由教师来决定，与此相反，以卢梭和杜威为代表的流派，提出了"学生中心说"，他们把学生的发展看成是一种自然的过程，教师不能主宰他，而只能顺应他，在这里儿童变成了太阳，教育的一切措施围绕着他转动，儿童是中心，教育的一切活动围绕他组织。这两种流派的理论都有其合理的一面，但也都有

其片面性。事实上，教师在教育过程中处于教育者、组织者和领导者的地位，这种地位决定了教师在教育过程中的主导作用，那么，在教育过程中，学生是受教育者，是教师教育和加工的对象，学生自然成为教育过程的客体。在教育过程中，学生一方面是教育的客体，另一方面又是有思想、有意识的活生生的人，每个学生都有自己独特的个性和素质，他们又是认识活动的主人，他们在教育过程中的一切行为，他们能否接受教育以及接受教育的程度，都要受到自己意识的支配，学生对不同的教师、不同的教育内容，因个人基础兴趣不同，而具有不同的选择性和倾向性，并非教师教什么，他们就学什么，因此，学生既是教育的客体，又是学习的主体。正是陈老师所说的"课堂教学以教和学为中心，教和学以学为中心"。

四、"中心论"明确了教育的目的——全面发展、幸福快乐

教育目的即培养人的总目标，在历史上，因社会制度、民族文化传统、教育思想不同而异。古希腊雅典教育要求培养身心和谐发展的人，斯巴达教育要求培养骁勇善战的人。中国封建社会教育目的是培养社会所需要的士或君子，从而达到巩固封建统治的目的，如《学记》中明确把教育的目的概括为"建国君民，教学为先""化民成俗，其必由学"。社会主义社会需要培养肩负国家建设的各种人才，1982年《中华人民共和国宪法》46条规定：国家培养青年、少年、儿童在品德、智力、体质等方面全面发展。党的十八大指出："坚持教育为社会主义现代化建设服务、为人民服务，把立德树人作为教育的根本任务，全面实施素质教育，培养德智体美全面发展的社会主义建设者和接班人，努力办好人民满意的教育。"以上所述的教育目的更多体现了社会本位。著名教育家朱永新认为：教育应为人生幸福奠基。陈老师的"全面发展、幸福快乐"不仅体现了教育目的的社会本位，也体现了教育目的的个体本位，是二者的完美结合，是在传统教育目的理论上的继承、发展和创新。这与最新提出的培养学生核心素养的目标相一致。2016年9月13日中国学生发展核心素养研究成果发布会，

提出中国学生发展核心素养，以"全面发展的人"为核心，主要是指学生应具备的适应终身发展和社会发展需要的必备品格和关键能力。中国教育学会第29次年会微论坛的主题确定为"寻找核心素养落地的力量——聚焦课堂教学"，这些无不与陈老师学校管理的"中心论"异曲同工。

牛怀德，男，中学高级教师，天津市优秀教师，天津市河东区天铁二中书记、校长，天津市未来教育家奠基工程第一期学员，天铁集团陈自鹏名师工作室合作导师，天津市河东区牛怀德名师工作室领衔人，曾在《中国教育报》《天津教育》等报纸、杂志发表文章多篇。

研以致用，用以促研
——参与陈自鹏工作室工作的点滴感悟

曹甘

自2013年7月开始，我有幸连续参加了"陈自鹏工作室"英语专业组多期研修指导工作。作为一名普通英语教师，在自己的专业成长过程中，能够得到英语教育专家陈自鹏老师的指导和引领，无疑对自己的教育教学工作和专业发展都起到了至关重要的作用。回顾自己的研修指导经历，我深感"陈自鹏工作室"之所以能够取得诸多成果并对天铁乃至天津市的英语教育产生深远的积极影响，主要是因为我们在研修活动中很好地贯彻了陈自鹏老师所提出的"研以致用，用以促研"的指导思想。立足天铁区域的英语教学实际，以问题为导向，以服务和促进英语课堂教学为抓手，真正做到了"为教而研，为学而习"，将研修学习植根于鲜活的课堂教学活动之中，植根于学生的英语学习需求之中，从而形成了英语"教、学、研"的联动发展。

"陈自鹏工作室"英语专业组的成立经历了一个逐渐发展、水到渠成的过程。作为天铁区域内唯一的英语特级教师，陈自鹏老师经常深入到我们的英语课堂参加听课与评课。在评课和教研过程中，他经常就我们在英语教学中存在的问题与我们展开讨论并提出独到的改进建议。交流过程中，他最关注的问题就包括如何提高英语课堂教学效率等。为了更加深入地研究和解决英语课堂教学中存在的典型问题，陈自鹏老师经常将天铁区域内的中小学英语教师召集到一起进行专题研究和学习。有时，为了解决一个典型问题需要我们多次进行专项研讨。这些专题研修活动经常能够帮助我们解决日常英语课堂教学中出现的突出问题，深受老师们欢迎。逐渐地，在陈自鹏老师引领下定期开展英语专业研修变成了天铁区域内中小学英语教师的日常需求。于是，在大家的倡议下，"陈自鹏工作室"英语专业组应需而生。

一、明确研修目标，制订可行计划

"陈自鹏工作室"英语专业组从正式成立开始，每一期都要在陈自鹏老师的引领下从小学、初中、高中三个学段的英语教师中精选学员，明确当期研修目标，制订切实可行的研修计划，开展跨学段英语学科专题研修活动。针对当时在中小学英语课堂教学中普遍存在的"低效教学问题"，我们确定以天铁区域内中小学英语课堂为研修载体，以"英语高效教学"作为专业研修方向，以服务师生的日常"教与学"为研修重点，根据我们的英语教学实践需要来开展富有个性的英语专业研修活动。

从第一期开始，我们就确立了"研以致用，用以促研"的专业研修指导思想，也就是说我们的研修学习要立足于服务课堂教学，立足于解决日常教学中出现的实际问题。同时，以教学实践中的真实问题为导向为下一阶段的研修学习指明方向，确定目标，以教学实践中的实际应用来促进研修学习的不断进步。为了贯彻这一指导思想，我们在每一期研修学习开始之前都要组织全体学员开展相关学段的教学情况调查，确定研修学习重点，明确研修学习目标，制订切实可行的研修计划。例如，在"陈自鹏工作室"成立伊始，我们英语专业组的学员提出了许多"英语课堂教学低效"的现象和问题，但是对英语高效教学的理论、策略和方法等所知甚少。因此，我们先后将英语专业组的研修学习目标确定为：通过研修学习指定文献，结合所教学段的英语课堂教学实践，开展"中小学英语高效教学理论研究、策略研究、方法研究和模式研究等"，初步形成具有一定推广价值的教育教学成果。在明确每期研修学习目标的基础上，我们还结合各位学员的教学工作实际，提前安排好研修学习时间，选定研修学习文献内容，开展研修学习交流活动，并在导师陈自鹏指导下不断改进各自研修学习的途径、策略和方法，落实好研修学习计划所安排的各项任务。

二、抓住关键问题，服务课堂教学

在参加"陈自鹏工作室"英语专业组研修学习过程中，自己感受最深刻的就是只有坚持"研以致用，用以促研"指导思想，我们的研修学习才能充满生机，我们的研修活动才能富有活力，我们的研修成果才能得到及时检验和推广。研修学习以教学实践应用为目的能够使我们的研修活动扎根课堂教学，服务课堂教学。以自己的研修学习为例，由于在高中英语教学实践中经常有同学要么抱怨背不好单词，看不懂课文；要么抱怨跟不上老师，听不懂用英语授课；要么抱怨英语语法单调乏味，提不起兴趣等等。这些看似简单的教学现象反映了同学们对英语课堂教学的感受，也反映了教师在英语课堂教学中存在的典型问题，促使自己反思这些现象究竟会给我们的英语课堂教学带来什么样的影响，我们应该如何对待和处理类似的教学现象。带着这些思考，我产生了进一步收集和探究常见英语课堂教学问题的渴望，也为自己在"陈自鹏工作室"英语专业组的研修学习提供了现实需要。这样，我们英语专业组通过研究各位学员在课堂教学中经常遇到的典型困惑，梳理总结出英语课堂教学中的关键问题，从而以问题为导向开展研修学习，既能解决教师的疑难，也能帮助教师不断改进教学从而提高课堂教学质量。

抓住英语教学中的关键问题，通过研修学习探索和寻找解决问题的有效途径和方法能够适应英语课程改革的需要,更好地服务英语课堂教学。我们英语专业组连续多期将"英语高效教学实践与研究"作为我们研修学习的核心课题,正是基于解决日常英语课堂教学中常见的低效教学问题而提出的。我在研修学习过程中针对高中英语课堂教学中出现的典型问题有计划地阅读了一些有关"有效教学和高效教学"的著作文献,并在导师陈自鹏的引领下参加了"中小学英语高效教学"相关课题的实践与研究工作,通过研修学习提高了自己的专业水平和教科研能力。同时,也实实在在地帮助自己解决了不少课堂教学中的疑难和困惑,提高了自己的英语课堂教学质量。

三、改进研修方法,优化研修过程

"陈自鹏工作室"英语专业组从第一期开始一直致力于将研修学习与英语教学实践紧密结合起来,通过不断改进研修方法、优化研修过程、落实研修环节等措施提高研修学习水平,服务英语课堂教学,落实好"研以致用,用以促研"指导思想。在研修学习方法的改进方面,我们先后实践了个体学习法、小组互助法、会议交流法、阅读法、实践法、讨论法、课题研究法、经验介绍法、成果推广法等多种方法;在研修过程的优化方面,我们经历了从开始阶段单纯的"问题→阅读→交流→总结→改进"到成熟阶段的"问题→研习→实践→改进→成果→推广"等,通过英语专业组成员的共同努力,取得了一些有影响的研修成果,推进了天铁区域内中小学英语学科教育教学的改革和发展。

在自己所参加的专业组研修学习过程中,我们主要采用了以问题为导向"研修与实践"相结合的方法,从问题入手,商定研修课题,选定研修文献,制订研修计划,开展研修活动,优化研修过程,落实研修环节,推广研修成果。为了解决英语课堂教学中常见的低效教学问题,先后阅读了由李庭芗、胡之洞、王蔷、章兼中、刘道义、程晓堂等专家编写或主编的英语教学法专著或系列丛书,另外,还订阅了《中小学外语教学》和《英语学习》等杂志，特别是通过学习陈自鹏主编的《中国中小学英语课程教材教法百年变革研究》和不同版本的普通高中英语课程标准等，使自己对中国的英语教学发展变革从宏观到微观有了一个新的认识，对自己日常英语课堂教学中师生的角色和自己的教学行为有了更加科学的定位和理解，从而为自己不断改进英语课堂教学方法、优化课堂教学过程打下了较为坚实的理论和实践基础。

四、发挥团队优势，推广研修成果

团队协作是"陈自鹏工作室"英语专业组的优势之一。在工作室成立伊始，陈自鹏老师就把遴选学员、组建团队放在优先位置。从第一期开始，英语专业组每一期都是通过自愿报名、单位推荐等方式选定本组学员。这些学员一般是来自小学、初中和高中不同学段的英语教师或教研员，因此，在开展研修学习过程中能够打通学段界限，发挥所在学段的实践优势，帮助其他学段的学员全面掌握中小学不同年级的学生特点、教材使用情况和英语学科教学详情，从而为选定研修课题、确定研修文献、制定研修计划、开展研修活动等工作提供更加全面而有代表性的建议或意见。以英语专业组为例，除了工作室安排学员跨学段听课、评课外，我们小、初、高三个学段的英语学员每周利用周末等业余时间开展集中研修学习交流活动，介绍读书心得体会，展示课题研修阶段成果，提出自己在研修学习过程中所遇到的疑难和困惑。在导师陈自鹏的引领和帮助下，大家集思广益，各抒己见，深入探讨和解决问题，充分发挥了团队优势。特别是工作室定期召开不同专业组之间的集中交流学习活动，使得我们能够及时学习借鉴其他专业组的成功经验，提高自己的研修学习效率，将"研以致用，用以促研"指导思想真正落实到日常研修学习活动之中。

"陈自鹏工作室"英语专业组在研修学习过程中始终将"研以致用，服务教学"放在优先位置。正是因为各位学员以自己的日常英语教学实践为研修对象，所以才能使得自己的研修学习"研之有物、研之有用、研之有效",特别是在遇到英语教学中的疑难和困惑时可以及时得到导师陈自鹏的亲自指导和帮助,将自己解决英语教学问题的过程转化为研修学习的过程,将自己在解决英语教学问题过程中的经验和感悟总结和提升成具有较高实用价值的研修成果加以实践和推广。以自己本人为例,由于在高中英语课堂教学中经常面临各种各样的低效教学现象,因此,在工作室我主要致力于"高中英语高效教学"为主题的研修和学习,取得了一些有价值的研修成果。先后在《天津教育报》和《天津教育》杂志上发表了《高效教学需处理好四对关系》《问题与对策:高中英语高效教学探究》《高中英语新授课"互动教学模式"探析》等文章或论文,并在京津冀英语高效教学论坛上做《英语高效教学的追求之道》专题报告,对"陈自鹏工作室"英语专业组的研修成果进行推广,获得了广泛好评。

  曹甘,男,英语专业本科毕业,文学学士,高级教师,天铁集团陈自鹏工作室英语专业合作导师,现任天津市河东区天铁第二中学英语教师。从教30多年来,所教英语学科高考、学业水平考试成绩突出,多次荣获教育教学奖励;连续多年担任班主任工作,所带班级多次被评为市级、区县级三好班集体;积极参加教科研活动,所参与的多项国家或市级课题如《英语"高效课堂"的基本特征与实践研究》等已经结题,所写多篇教科研论文如《新课程背景下高中英语有效教学探析》等荣获国家级或市级奖励,所写《高中英语有效作业的布置与批改探析》等多篇文章先后在《天津教育》杂志或《天津教育报》上发表。由于成绩突出,先后被评为天津市优秀教师、天津市师德先进个人、河东区学科名师、河东区学科骨干教师等。

<<< 第五章 与大家共交流

我与陈自鹏博士及其工作室的渊源

王国庆

20世纪70年代末，我上初中的学校还叫6985修建部子弟学校，6985是当时天铁的对外代号，当时学校里还有工宣队，教师大多是厂里的工人，一阵子到学校拿着教鞭育人，一阵子提着瓦刀在工地战天斗地。有一天，终于从市里的师范学校分来了两位年轻教师，陈自鹏老师教我英语，段兆聪老师教我音乐，用家父的话说，学校来了两位"科班"老师。科班老师就是有"科班"的做派，段老师上课必须要用钢琴，学生课前必须把琴从办公室抬到教室。多年过去了，老师教的歌忘了，一伙男生抬着钢琴上楼得意的样子反倒历历在目。教英语的陈老师一身学生装，身体颀长，人很帅，难得的是帅得很经典，学生们背后称其"大卫·科波菲尔"，家父说先生很像徐悲鸿，这是家父仰慕读书人时唯一会使的比喻。

陈师书教得好，四十多年过去了，不少学生聚在一起，还能背诵几句"雅普雅普岛上的金喇叭"，后来我高自考需考英语一科，四十多岁英语过关，实属不易，感念陈师给打下的功底。

后来两位"科班"老师恋爱了，结婚了，与我家住在同一栋楼里。这种楼房有一种专用称呼，叫"通楼道"，就是每家没有凉台，公用楼道很大，是公用的凉台。英语老师和音乐老师结婚了，陈师因此学会了唱歌，但师母似乎没学会英语。至今犹记的陈师唱歌、师母拉手风琴伴奏的风景。为了"有几分证据就说几分话"，我向也是陈师学生的小妹考证陈师当时唱的是什么歌，小妹肯定地回答是《敖包相会》，绝不是"小妹妹唱歌郎弹琴"。

家父爱说评书，自诩也是"科班出身"的"说书先生"，"说书先生"特别崇拜科班出身的"教书先生"也就是当然了。陈师好读书，陈师读书不像是头悬梁、锥刺股样子，好像读书如同吃饭，是每天要做的最自然的

159

事。常拎个小板凳在楼下太阳地儿里背对太阳读书，太阳移动时，先生才会随着动一动。家父让我们在楼上看着风景，先生读书的样子在邻家兄妹的心中种下了读书的种子，后来先生和邻家兄妹的孩子都毕业于国内外名校，甚至是常青藤院校。不久，陈家住进一位更"科班"出身的老先生，陈师之父毕业于国民党保定一军官学校，老先生可以用我家的气枪在凉台上击中对面楼房的泄雨桶，也可以为邻舍写出漂亮的春联。老先生武可挥枪、文可捉笔的功夫，令家父殷勤结交。两位老者，一生走州过府，历尽家国离乱，看遍世态炎凉，夏日凉台常小坐，从渔家撒网食鱼，谈到昆曲京剧，陈师与我等子女围坐膝前承欢，度过我一生难忘的时光，也与陈家结下了两代的情缘。

真的是"长大后我就成了您"，1986年我也成了一个"科班"教师，我是班主任，陈师后来任天铁教委主任。后因工作调动，有很长时间在陈师身边工作，因此也就有了与陈师工作室的机缘。

本人愚近竖子，智不及中人，但陈师将我之愚理解为质地不失素朴，且知我不敢忤逆师命，2012年先生成立陈自鹏工作室时，就命我进其工作室任家庭教育研究方向的导师，带学员且负责工作室的日常事务。以前是陈师第一届学生，现如今成了第一批入室研修的导师兼弟子。

记得在工作室期间，研修大致如同古时书院，领衔导师陈师类似山长，隔一段时间就会请各研究方向的导师与学员喝茶。时隔多年我都忘不了大家听到陈师请喝茶的忐忑，喝茶其实就是点检功课，有时是考问读经典的体会，有时是讨论研究方向和研究方法确定、课题论文的进展，如不做点功课会很不好过关，是很难堪的。陈师重学问更重做学问的道德，一次高自考的一名考生作弊，回来告诫工作室的徒弟做学问要老老实实，他说了一个令我记忆一生的对联："今日一介书生尚且如此，他年大权在握又当如何"。

记得在工作室的几年，每一届学员出室都要编一本叫《心语》的文集，我协助陈师一共编了三期，用来收集工作室的一些成果，并择优向外投稿。就我本人讲，在《天津教育报》上发了两篇文章，指导的家长学员在《家长》杂志上发表了一篇文章，都是在陈师逼迫下的奉命作文，成绩不多，不讨陈师喜欢，因为其他两个研究方向的导师及其学员成绩更好一些，呜呼，真是没有比较就没有伤害啊，好在不欺不诈，皆自己的心血。

陈师大概是看我虽学问不济，尚可归入虽愚不诈一类吧，因此被单独呼去喝茶的机会就多一些。记得一次我在天津天铁冶金分院教师班教外国教育史课程，向陈师请教一个备课时遇到的问题，为什么是赫尔巴特使教育学成为一门严谨的科学，而不是《大教学论》的作者夸美纽斯。陈师漫不经心地说："《大教学论》中的宗教情怀使夸氏理论失去了科学研究的基础，而赫氏的理论是建立在心理学和伦理学这两门科学的基础上的。"其实先生此时的学术兴趣已在专攻中国教育史，其中的重点又放在了近现代中国英语教育史和教材研究上，尚能轻松解惑学生类似的边角问题，另学生不由生高山仰止之感。

后来，先生组织"三生"（超常生、学困生、问题生）分类培养研究，命我协调各子课题组，我却因科内工作繁杂，辞去了工作室的工作。但每隔一段时间，还是被陈师单独呼去喝茶。一次我的一个市级课题，作为科研成果在河东区教育学会大会上进行了专题交流，主要是谈家庭教育的，这也是我在工作室的研究方向。当时点评专家是曹睿研究员，得知我是先生的学生，就将此事转告了陈师。陈师大喜，难掩"敝帚自珍"之情，这或许就是陈师信奉的 NEVER GIVE UP、有教无类的结果吧。此时我心中记起的却是协助陈师在天铁电视台开家教讲座，陈师在我开家长讲座时亲自把场坐镇，迫我读陈鹤琴家教经典的种种往事。喝茶时，陈师再三嘱我要坚持在家长学校任课，收集案例，做田野式的研究。直到今日，尚遵师嘱在社区给家长上课。

陈师退休的前两天，陪先生吃饭，我劝酒而先生不饮，解释说："我的老师王炳照先生曾劝我不要贪酒，你今后也须少酒多茶。"当时王炳照先生已辞世。陈师退休离开的那一天，行李装上了车，我说："老师坐高铁走吧，让学生押行李车回津。"陈师凄然说："你也五十多岁了，路上当心。"

有时夜深人静，回想自己年过五十，却给陈师当了四十多年的学生，却犹如是一个守着一个金矿却满山抓蝴蝶的孩子，虽至宝山，终获不多，悔之晚矣。念师良久，写下了几行字："多少恨，向天诉，相思空有登高处，登高处，任泪流，解愁何须酒。"

转天给陈师去电话问候，说自己记性似乎不太好，陈师不悦，在电话中用英文给我背诵了林肯的《葛底斯堡演说》全文。陈师不厉色训斥，但我知道这是陈师告诫我不可有未老先衰的想法。先生"其为人也，发愤忘食，乐以忘忧，不知老之将至"，先生以身教我，学生谨记。

陈师说等我回津过年一起喝茶，心中喜悦，对自己说，茶涤心，书益智，待来日，寻师品茶读书去！

王国庆，男，河东区天铁第二小学副校长，天铁集团陈自鹏名师工作室家庭教育合作导师，有多篇文章见诸报刊。

第二节　教学相长乐无边

回顾跟师傅一起研修的日子

姚金华

2014年1月，我进入陈自鹏名师工作室研修。在师傅的带领和指导下，我与工作室的室友们一起走在了高效英语教学研究的路上。通过学习，自己英语教学的态度不同了，观念更新了，英语教材变得鲜活了。学习，实践，思考，平凡的英语课堂也变得熠熠生辉起来。

一、注重运用两个方面规律，不断转变教学理念

通过听师傅的讲座和工作室沙龙研讨等形式，我切实感受到师傅高效教学的理念是始终以人为本，意图借此创设出和谐的育人环境。他再三告诫我们：作为教师，一定要认识教育规律，遵循教育规律，运用教育规律。教育既要适应社会发展的需要，还要适应人的发展需要，要协调好社会、家庭和学校的关系。

师傅在讲座中介绍了语言自身规律，如层次组合规律、聚合交际规律、逻辑判定规律、例外任意规律、时间印记规律、时空位移规律、文化遗传规律、创新创造规律。在教授语言这门学科时，运用好每一个规律，激励学生大胆运用语言，鼓励模仿活用这些语言，并鼓励学生自由表达自己的思想，在语言运用中展示个性，展示智慧，享受快乐。

师傅指出，掌握语言规律，还要掌握和运用好语言教学规律，重点应该关注如下规律：一是明确目的规律。目的性是教学的出发点和归宿，语言教学的目的决定语言教学的方法，决定了语言教学的知识和技能目标的达成，决定着语言教学应该达到的层次及水平。目的观有知识观、技能观、智能观、交际观和素养观。交际观和素养观更接近语言教学的根本目的。要重视学生的非智力因素，培养提高学生的核心素养水平。二是重视实践规律。语言实践强调语言的练习。只有大量有效和得法的高效训练，才能促进学生的高效学习。三是聚焦主体规律。英语需要引导学生自己听说读写，掌握语言知识，发展语言的能力。四是因材施教规律。因材施教是世界上最有效的教育。五是教育为先规律。重视学生的兴趣爱好和意志力的培养，为学生英语学习增添动力。六是真实交际规律。语言教学的最终目的是为交际而学。让学生在学和用有机结合的基础上习得英语，所以应创设真实的语言环境，充分利用习得机制，不断强化学习动机，让学生自然而然、不费力气、真实地运用语言。在教学中要多听多说，多读多写，要强化学生的毅力，要认真总结教和学的经验和教训。

在师傅的引领和感染下,我的学习观也发生了很大的变化。在平时工作中,我坚持理论学习,不断提升自己的教育教学理论素养。通过学习,我也慢慢学会了写点自己的所思所想,虽然提笔还是感觉困难重重,但我会努力坚持。通过工作室的磨炼,我养成了善于思考的习惯,善于反复学习和分析思考,将所学的内容融会贯通。在"教什么"的问题弄清楚后,我就思考"怎么教"的问题。如何培养并保持学生英语学习的兴趣?如何设计教学并实现高效教学?每节课后都不断进行反思,不断地调整自己的教学方案,我的英语课呈现出了另一番景象。

二、坚持学、做、研,为专业成长打好基础

"积累岁月,见道弥深",在师傅的引领下,认清目标,锲而不舍地为梦想而努力奋斗。在陈自鹏名师工作室这个温暖的集体中,浓浓的学习氛围深深地吸引着我。我享受着师傅的循循善诱,享受着同伴间毫无保留的经验分享。师傅就中小学英语的高效教学论做了很多讲座和研讨,让我对"如何教"的问题有了比较清醒的认识。

如何做到英语高效教学呢?首先是理论武装。师傅为我们制订了阅读计划,推荐高效课堂的相关文章,并为我们推荐了多部教育专著。其中有《中国中小学英语课程课程教材教法百年变革研究》《做最好的英语教师》《高效课堂22条》《10大课堂教学模式解读篇》等等,还有各种自选书目。师傅的讲座也给予了我们方法与指引,比如首先要学会读书,做到学习、学习、再学习;要达到读书的三种境界:知理、究理、悟理。其次是认真实践。作为教师,必须有三法:高效的教法、高效的学法和高效的管法。再次注重研究。要做到研究真问题,问题真研究。教师要有想法、做法和说法。只有做到三法合一,教师能力才能得以提升,教学水平和质量才能得到提高。

三、检验英语教学是否高效,不断改进课堂教学

工作室为我们提供了学习的机会和锻炼的平台,每次工作室的活动我

都努力积极参与其中。通过一次次的上课、反思、修改,让我们对如何制定教学目标,如何设计教学流程,如何进行有效教学都有了新的认识和思考。在高效英语课堂教学实践中,针对小学英语我采用比较多的是"Task – Based Teaching Method"。任务型教学模式以语言习得和建构理论作为支撑对新的知识和原有的知识进行了重组,强调学习活动和学习材料的真实性,以学生为中心强调互动的创造性的活动。通过完成任务来学习语言,鼓励每一位学生参与体验、互动交流。例如:在讲授有关购买衣服这一课的内容时,由于同学们之前学过几件衣服的表达方法,以及会表达在不同的天气状况下穿不同的衣服,这对进一步学习有关知识很有好处。在商店购买衣服则非常接近同学们的生活,学生在购买衣服的过程中可以学会更多有关衣服的单词,学会用英语与售货员交流,最后将想要的衣服买回。

在最后的小模特表演这一环节,学生们购买到漂亮的衣服之后,通过"小模特"走秀的方式进行展示。学到新知识,同时也满足了学生积极表现的欲望,学生在各个方面都得到了更好的发展,这种寓教于乐丰富多彩的学习方式正是新课程标准所要求的。

这种高效的英语教学模式都基于语言知识的学习和语言运用能力的培养。It's the most effective means currently available。这种模式贴近学生的生活。其间每一个学生尽量参与到教学中来,并且每个孩子都有收获,设置的语言运用于真实的情境,任务与学生实际紧密相连,教学氛围民主、宽松、和谐。

师傅在给我们评课过程中,与我们分享了他自己的一些理念和思考。一节好的英语课在于新、趣、活、实。新就是讲出新意,让学生产生学习效仿的欲望;趣就是要引发兴趣;活即生生互动,师生互动;实就是教学内容充实,课堂训练扎实。要善于引导学生自主学习、合作学习和探究学习,为了学生的学习,要努力设计、提供、利用合理的学习资源,并促成新的学习资源的生成。在这个过程中,评课的过程既看学生,又看老师;既看结果,又看过程;既关注预设目标,又关注生成目标。这对我上课时该关注什么，以及今后如何指导青年教师上好课都提供了帮助。

四、体验高效英语教学，明确奋斗目标

通过听讲座、研课、听课、评课，我体会高效英语教学是指"真正以学生为主人的，为学生学好而设计的教学"，它既是一种教育理念，也是一种教学模式。"一切为了学生，高度尊重学生，全面依靠学生"，这种理念回归到教育的本真，以生命为本，关注每个学生的终身发展。在上课的过程中，我学习到高效课堂模式的四个环节：个人学、小组学、全班学、教师点拨学，这使整个课堂变得有效且更具生命力。做到了真正把学习的自主权还给学生，引导他们自己去探索，去发现，使他们真正地成为学习的主人。同时自己也要不断积累经验，从而让自己的课堂更加有魅力！

有了丰富的理论知识，以科研促教研更为重要。一直以来，我在实践中不断反思，不断总结，找出了自己的不足，明确了努力的方向，制定努力目标如下：

1. 在提高课堂实效性上下功夫，使学生在每一堂课中有更大的收获。

2. 及时总结，加强反思的能力，将自己平时积累的经验、有价值的思考，及时记录下来，以便更快地提升自己的水平。

3. 继续增强自身素质的提高，增强业务能力，为以后的教育工作奠定更好的基础。我将继续努力学习，不放过每一堂课的反思和探索，不断提升自身的科学素养和教育教学水平。

我庆幸在我的人生旅途中能遇到这样一位良师益友。师傅的教育理念时刻激励着我。我特别喜欢这么一句话：你想要的都可以靠自己的努力得到！让我在学习、实践和研究中不断成长，在师傅指导和自我激励中不断进步和提升。

姚金华，女，河东区天铁第二小学高级教师。在 2014 年度"一师一优课、一课一名师"活动中，其《Unit 3 My Father Is a Teacher. Lesson 13》被评为天津市市级"优课"。其《英语教学中非智力因素的应用》一文在市教育学会论文年会评比中获三等奖,论文《让孩子快乐学英语》荣获天津市第十届教研教改成果三等奖,论文《提高小学生英语听说能力的实践方法》荣获天津市基础教育2015年"教育创新"论文评选三等奖。其本人2016年被评为天津天铁集团教委第二届最受学生欢迎的好教师。2016年参与天津市中小学"一条龙"英语教学衔接研究子课题《英语"高效课堂"的基本特征与实践研究》研究并结题。2019年被评为天津市河东区教育系统校级"感动河东教育人"。2018年论文《互联网+背景下小学英语教育教学的探究》荣获天津市河东区教育学会第十七届学术年会论文评选二等奖、河东区2019年"教育创新"论文评选三等奖。英语课《Unit 3 My Father Is a Writer. Lesson 16》在2019年天津市中小学信息技术与教学深度融合优秀课评比活动中荣获三等奖。

巧用思维导图提高小学英语课堂效率

王剑

  作为一名英语教师,能够有幸进入天铁集团陈自鹏工作室学习,我心存感恩。这段经历,使我受益匪浅。在工作室的学习过程中,不但开阔了视野,增长了知识,更多的是导师精神的引领。工作室的学习氛围非常浓厚,我在课堂教学、专业理论方面都有进步和提高。也使我更新了教育理念,提高了教学素养,树立了终身学习理念,学会了在教学中研究。巧用思维导图提高小学英语课堂效率便是我在教学和研究中的一点感悟。

  思维导图20世纪80年代传入我国,在各种培训机构中应用十分广泛,近年来也逐步被引入到学校的学科教学中。小学英语教学工作中,教师将思维导图运用到课堂辅助教学,可以激发学生的学习兴趣,引导鼓励学生学会运用思维导图这种学习方法,可以培养学生的想象力、创造力、创新能力,提高课堂效率。

一、思维导图简介

思维导图由英国心理学家托尼·博赞创建，又叫心智导图，是体现发散性思维的有效图形思维工具。思维导图运用图文并重的技巧，把各级主题的关系用相互隶属与相关的层级图表现出来，把主题关键词与图像、颜色等建立记忆链接。思维导图利用记忆、阅读、思维的规律，同时开发和运用左右脑的机能，因而挖掘人类大脑的无限潜能。

思维导图的核心思想就是既运用左脑的词语、数字、逻辑等功能，同时也运用右脑的色彩、图像、符号、空间意识等功能，将思维痕迹用图画和线条形成发散性的结构，从而把形象思维与抽象思维很好地结合起来。由于它简单、有效、实用，在越来越多的领域中被广泛应用.

二、将思维导图运用于小学英语教学中的优势

1. 图文并茂，激发兴趣

小学处于学习英语的初级阶段，培养学生的兴趣是最为重要的。当学习英语成为学生的内心的需要，就会产生源源不断的求知动力和强大的精神力量，克服在求知的过程中遇到的种种困难。小学生正处于身心发展时期，他们天性活泼好动。英语教学应该符合小学生的审美趣味，在教学过程中注意趣味性，能够激发学生的兴趣，满足学生的需要，容易被学生理解和接受。思维导图利用层次清晰的线条和颜色鲜艳的图画，使英语课堂教学不再单调枯燥，变得丰富多彩，可以有效引起小学生的注意力，活跃课堂气氛。

2. 知识架构，授之以渔

思维导图呈现出来知识结构简洁、清晰，关联性和条理性强，易于梳理和记忆。重难点突出，并且色彩鲜明，能迅速抓住学生的有意注意，留下深刻的第一印象，不仅能够促进学生的理解和记忆，同时也易于复习和总结。

通过教学实践发现，教师有意识地引导和培养学生学习绘制思维导

图,大部分学生乐于接受,并能够有意识地运用于课堂内外。思维导图这种学习方法有助于提高学生的梳理所学知识的能力,从而提高他们的学习效率。他们能够将其用于预习、复习、总结,学会这种高效的学习方法,可以减轻学生课内外的负担,使学习充满乐趣。

3. 挖掘潜力,无限可能

《英语课程标准》中指出"英语教学培养学生观察、记忆思维、想象能力和创新精神"。通过思维导图激发学生的学习兴趣,使他们发自内心想要去探索,去研究英语学科,将会产生无限的学习动力和强大的精神力量,最大程度地激发潜力,推动他们在成长的路上不断前行。在学生绘制思维导图的过程中,绝不是单纯的模仿,而是一种创造,是充分发挥想象力、创造力,发展发散思维的过程。不同的学生绘制的思维导图不可能是完全一致的,因为每个人的思维和想象力都是独一无二的,他们通过对知识的梳理、加工与整合,形成自己的作品,无论效果如何,这都是他们深度思考的成果。因为想象力比知识更重要。

三、思维导图在英语教学中的运用

(一)词汇教学中应用

1. 单词词义归类

在进行单词教学之前,教师可以先对教材中的英语单词进行分类,形成一个单词思维导图,简单的图形,鲜艳的线条把枯燥的词汇教学变得丰富多彩,小学生的注意力提高了,学习效率自然也就提高了。比如在进行颜色的英语词汇教学过程当中,小学英语教师可以通过将学过的词汇按颜色分类做出思维导图。导图的核心图片就是 colour,发散出彩色的线条,线条之上相应的颜色单词,线条后相关的分类词汇。借此帮助学生掌握各颜色对应的英语单词。比如说红色的线条上标注 red,归类的词汇有:sun fire,黄色线条上标注 yellow,归类的单词有:banana pear,加深了小学生对于颜色单词的记忆和理解,又将已学词汇进行归类,对已有知识进行深化。

如人教（精通）三年级下册 Lesson 5 可使用如下思维导图。

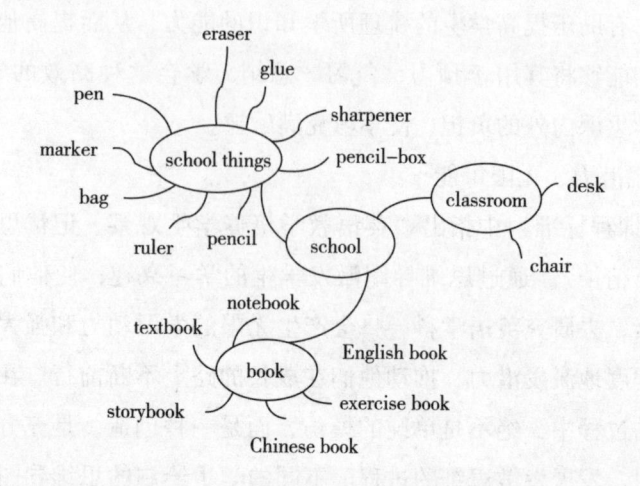

```
                eraser
                  glue
       pen              sharpener
  marker   ┌─school things─┐  pencil-box
    bag    │               │           ┌─classroom─┐ desk
           └───────────────┘           │           │
              ruler  pencil  school────┤           │ chair
                              │        └───────────┘
                       notebook
              textbook   │
                      ┌─book─┐  English book
                      │      │
                storybook    exercise book
                         Chinese book
```

2. 拼写，发音归类

根据单词的特点，将形近与音近的词汇区分归类。运用思维导图将同类的单词进行对比，分析其中的差异性，找出规律所在，来理解记忆单词，能够取得举一反三的作用。通过思维导图辅助词汇教学，学生不但将已学过的词汇按照不同的标准归类，形成词汇知识体系，而且能不断将新学词汇输入到相应的体系，一举两得。如同储物仓库，货物杂乱摆放，会造成空间的浪费，如果分门别类有层次的摆放，就会大大提升空间利用率，在使用的时候，也很易于提取。

在人教（精通）四年级下册 Lesson 23 中可使用如下导图。

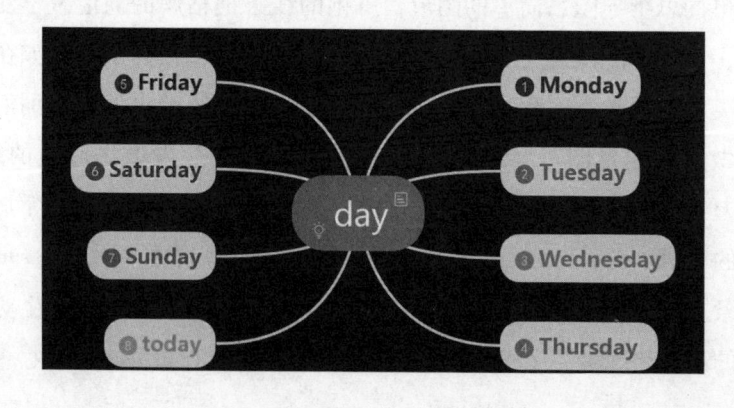

```
    ❺ Friday              ❶ Monday
    ❻ Saturday            ❷ Tuesday
              ┌─ day ─┐
    ❼ Sunday            ❸ Wednesday
    ❽ today              ❹ Thursday
```

(二) 在口语教学中的应用

1. 在小组合作中的运用

在英语课堂中，合作互动式教学运用十分广泛。它是一种很有效的教学方式，教师通过这种教学方式解决问题，让学生通过两人组与多人组合作互动交流。在合作互动过程中，既能够发展学生口语交际能力，又是学生独立思考与思维碰撞的过程。将思维导图运用到合作互动教学中，教师可根据教材需要，给不同小组相同或不同的中心词，然后让学生自主创作，有以下两种方式：（1）自己绘制思维导图，与小组成员分享。他们互动讲解自己的导图，然后通过交叉对话，完成对方的思维导图，也就是从不同的角度将话题拓展出来。（2）小组成员互相交流，共同绘制思维导图，然后围绕导图进行对话，作为成果，与全班同学互动交流。

2. 在口语复习总结中的运用

思维导图有利于学生对知识进行立体整合，利于学生进行复习。学生进行学习时，各项知识一般都以单元的形式进行编排。每个单元都有相对集中的主题（话题）。教师可根据教材内容，以单元或话题作为中心点，引导学生自主绘制思维导图，也可以对整本教材设计思维导图，梳理学习内容，将新旧知识联系融合，建构完整的知识体系。也许学生的设计并不全面，教师应以鼓励为主，将学生作品中的典型的导图与大家分享，互相提出不同意见，补充修正。在交流的过程中，学生对知识的理解与运用可以得到进一步的升华。

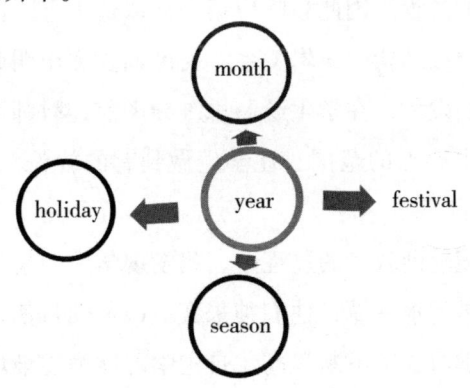

如人教（精通）六年级上册对四、五、六单元内容进行复习可使用思维导图作为模板，让学生去丰富，去创造。

（三）在阅读教学中的应用

在阅读教学之前，教师先呈现根据教材内容制作的相关的导图，让学生运用已有的相关知识用 who, where, what, how, when 等词汇对课文主题进行猜测。然后教师运用导图的关键词对教材内容进行讲解，让学生试着根据导图复述。学生再一次接触教材，对照导图理解教材的内容和结构，再根据中心图，自己绘制思维导图，从而达到掌握深化课文内容的目的。

教师根据教材内容制作一些关键词汇的卡片，发放给学生。根据语篇的类型，如果是对话语篇，可让学生小组合作根据关键词进行导图创作，然后根据导图复述对话，甚至改编对话，进行知识拓展。而叙述式语篇，要求学生根据关键词对语篇进行提炼，绘制导图，然后与他人分享，复述语篇，既可简略复述，也可扩充语篇，对语篇进行深层次的挖掘。

四、在教学过程中注意的几点问题

思维导图对于提高学习能力和促进思维发展具有很大的作用，在教师引导学生绘制导图的过程中，需要注意以下几个问题：首先是要确定好思维导图模板。学生的绘制思维导图的能力不是一蹴而就的，应该是模仿—运用—熟练—创造的过程。因此教师应精心选取适用于不同主题的思维导图，特别是知识的层级结构、逻辑关系、关键词要突出明确。其次，思维导图并不是无限制的发散，在学生绘制思维导图前，教师可以引导学生思维的方向，即确定中心点的范围。让学生做到有的放矢，不会随机发散，偏离主题。

在运用思维导图辅助教学的过程中，我发现学生的精神面貌有很大改观，课堂教学不再是死水一潭，他们神采奕奕，灵动自信，对英语的学习兴趣越来越浓厚，学习成绩不断提高，自主学习能力逐渐增强。更加令人骄傲的是，很多学生在学习其他学科或进行课外拓展时会使用思维导图了。将思维导图运用于课堂教学中，同时开发学生左右脑，有效地培养了学生的想象力、创造力、创新能力，为学生的进一步成长打下良好的基础。

王剑，女，天津市河东区天铁第三小学一级教师，本科学历。2013年，入陈自鹏工作室研修，从中受益良多。她注重教学实效，善于反思，《浅谈多媒体课件技术在小学英语课堂的重要作用》《妙用微信，搭建家校生之间的立交桥》等论文在天津市获奖，主持课题《关于实施中小学生课后服务制度的研究》，参与课题《关于思维导图支持学生深度学习的实践研究》《天铁地区儿童青少年近视现状调查与防控研究》分别于2018年、2019年、2020年结题。她因尽职尽责的工作态度、良好的师德得到了领导、同事、学生、家长的好评，曾获得"最受欢迎的好教师""青年岗位能手""师德先进个人""先进生产者"等荣誉称号。

参考文献：

[1] 鸿雁. 思维导图. 前言 [M]. 吉林：吉林文史出版社，2017.

[2] 闵敏. 思维导图在小学英语教学中的作用 [J]. 教育（周刊），2016.

[3] 郑丽君. 浅谈运用思维导图转变英语学习方式 [J].《新校园：上旬刊》，2011.

报答春光知有处，沉思往事立斜阳

李艳霞

来铁厂已三十个年头，三十年的岁月，或喜或悲，都已被这片土地宽容地收下，留在记忆里的一张张面庞、一句句话语如影随形，成为我行走在生活道路上的一枚枚触角，时时触动着我去感念、去珍惜，最让我铭心刻骨的是我们天铁教育的老领导、我教师成长之路的引路人陈自鹏老师的谆谆教诲与深切关怀，仿佛一颗颗石子投进我生命的河中，激起一朵朵水花，溅落心头，使徐徐前行的小河，回荡出生命的轻响，使不甘于静止的生活，有了汩汩流淌的美丽。

起：穿花蛱蝶深深见

我从小喜欢舞文弄墨，虽然没有写出过什么像样的文章，可一直喜欢在天津教研叙事群里或者自己的博客上发一些教学小随笔，生活小感悟，权当记录自己工作生活的流水账。记得有一次在叙事群发了一首名为《无题》的小诗。在评论区有一条字数不多，但言语间充满关切的留言。留言的最后一句话至今还清晰地记得："天铁人，要振作。"再看留言的作者竟然是时任我们天铁教委主任的陈自鹏老师。回想诗的内容确实在表达一种工作倦怠、生活倦怠，甚至生命倦怠的颓废情绪，细忖不禁惊得额头冒汗。是啊，生活安安静静、无波无澜，工作平平常常、无惊无扰，竟然滋生出这么消极怠惰的人生态度，真是该振作精神、自我反省了。

之后，我在叙事群发表文字的思想内容起了变化，有了更多积极向上的情绪表达，在留言区也经常看到陈老师的留言，或赞扬，或肯定，或提出努力方向。因为留言的缘故，我对心目中一向敬而远之的领导备感亲切，在心底悄悄地把陈老师认定为自己人生航向的领路人。

2011年，我参加市里小中高职称评选。当时中学高级职称在小学就是凤毛麟角，加之我们天铁教育系统连续两年的两个小中高评选名额都因为考试败北落空，这次我代表天铁小学教育系统参评既是组织的信任、个人的荣誉，更是一副沉甸甸的担子。

也是机缘巧合，因为身体原因考试时折戟沉沙。职称评定落选，自感惭愧，那段时间特别怕遇见领导，总觉得自己没完成任务给天铁教育丢了脸面。而陈老师却是一如既往地热情而随和。一次来学校检查工作，会后半开玩笑地对我说："艳霞，最近怎么不写诗了，是不是职称考试没考好影响了心情，哈哈，没关系，继续努力，以后还有机会。"这看似轻描淡写的话，实则用心良苦，向当时那个敏感的我传递出最期待的信息：领导们并没有因我浪费了天铁唯一的职称名额而冷落抑或批评而是选择耐心等待，等待一个老师的重新振作与再次努力。陈老师包容而不失期待、鼓舞的话语无疑减少了很多我内心的不安与惶恐，开始把目光转移到自己该做的工作上来，不断调整自我，提升自我。我很快丢掉了职称考试失利带来的自我否定情绪，潜下心来，投入到学习工作中。

2013年，我参加"天津市未来教育家奠基工程"三期学员的遴选考试，并顺利通过，成为市未来教育家奠基工程的三期学员，和全市百余名优秀教师、校长一起学习，这无疑是绝好的成长环境。走出那一片片情绪阴霾之后，我逐渐感到自己的天空豁然开朗。"穿花蛱蝶深深见"，再回首，那段时间，陈老师对我的关注与影响如晴空花海之上翩跹飞舞的蛱蝶，虽若隐若现，却无处不在，使我不放纵不放弃，也许这也是一种智慧，人的成长有时和禾苗一样，等待也是一种帮助。

承：岸容待腊将舒柳

过去常常用"春蚕到死丝方尽，蜡炬成灰泪始干"来形容教师工作的鞠躬尽瘁，死而后已。不难看出，传道、授业、解惑，教师尽心工作需要无私的奉献、无悔的付出。我们不禁要思考这样一个问题：让教师如此尽心，教师的幸福从哪里来？教师没有职业幸福感，又怎么让自己的弟子们幸福呢？这个看似矛盾又必须和谐的问题，陈老师用他几十年如一日的教育研究与实践给出了我们答案：这就是教师的专业成长。给教师提供一条专业成长之路，使教师在自己的学习、工作、思考、研究、传播、交流和成就中得到满足、快乐，从而主动尽心、快乐尽心、享受尽心工作的幸福。

  2012年，我进入陈自鹏老师工作室研修小学教育。在工作室研修期间，总是被导师请去与其他不同研究方向的导师与学员一起喝茶。说是喝茶，其实是在氤氲的茶香里探讨、学习与交流，有时是交流读书体会，有时是讨论研究方向和研究方法确定、课题论文的进展，更多的时候是和我们探讨教师的职业幸福，以及获得职业幸福的有效方法和途径。陈老师用心读书、潜心教书、精心著书，他以教师理想的职业生活方式实践"立德、立功、立言"这一人生理想，完美诠释了教师追求幸福之道，正是在这种轻松愉快的氛围中，陈老师谈经论道，或现身说法给我们这些工作在教学第一线地老师指明了职业幸福追求的方向。2015年我参加天津市教育科研大讲堂活动，把演讲课题定为《小学幸福教育模式研究与实践》，结合自己的成长经历讲教师成长学做研三部曲，分享自己对职业幸福研究的点点滴滴，整整一个小时的讲座时间，一万余字的讲稿，导师不仅给了我讲好的信心，思考的方向，还在讲稿的细节斟酌与措辞安排上精心指导，正是这种在教科研之路上蹒跚学步时的期待、帮扶、加持，让我的步子越走越稳。"艳霞是个认真的人，能够静心搞教育科研，在教育科研的路上有错了就改，不行再改的坚持和勇气。"每次遇到工作瓶颈，陈老师都这样鼓励我，我知道这话语里有老师对学生不开悟的急切，但更多的是一位长者对于后生的耐心与期待。

  "过尽千帆皆不是，斜晖脉脉水悠悠"。时间之流在不经意间从指尖悄悄溜走，我能够掬在手、留于心的就是那份悠长的期待，那份触动心弦的师长之情。虽然只要不放弃追求，岸边的杨柳待到腊月过后终将舒枝展叶，绽放春天，但在沉寂时曾经对你满怀期待的人，就是生命中的贵人，能遇见自然是命运的垂青,自己能够回报的唯有更加努力与坚持。

转:芙蓉塘外有惊雷

如果把生命的成长比喻成一棵树,那么一棵参天大树的长成不仅需要春风化雨、丽日晴空时候阳光雨露般的宽容与鼓励,也同样需要阴云笼罩、狂风暴雨时候风吹雨打般的刺痛与警醒。一路走来当我在渴望进步与停滞不前中彷徨纠结时,是陈老师一如既往的关心与关注给了我继续前行的信念和勇气。

随着学校行政工作任务的增加,自己能够用在课堂教学和教科研研究方面的精力越来越少,埋头在繁复的行政任务里甚至听不见上课的铃声已响起,正是这繁复冗杂的日常让我渐渐沉没在疲于奔命的忙碌与烦恼之中,工作室接收来的教育教学研究任务几乎停滞不前。

"业精于勤而荒于嬉,行成于思而毁于随",当时的自己就深陷于"随"的旋涡中,让退避的潮水浸没身心,浮沉其中而不自知。

是陈老师一如既往的关心与关注使我意识到自己懈怠的可怕,重新审视自己,调整身心,以新的力量投入到教学与教研工作之中,迸发出自己的激情与活力。2018 年,我被评委河东区教育改革先进个人,2019 年,我被河东区教育局授予河东区名师荣誉,并成立河东区李艳霞名师工作室。2020 年,被评为市级小学语文学科骨干教师,开始带领一批年轻教师走上教育科研之路。我热情辅导年轻教师撰写教科研论文、参评部级好课,工作室教科研成效颇佳。与此同时,我带领工作室成员以"上好小学作文课"为主旨搞专项课题研究,2020 年 1 月,工作室四篇习作教学研讨论文以习作专题形式刊发在《天津教育报》;2020 年 12 月我主持的《基于读写共生理念的小学作文习作法行动研究》课题成功申报"十四五"市教科院研究课题。

"芙蓉塘外有惊雷",一声乍响的春雷,终唤来了春天的脚步。我坚持一线课堂教学工作,三十年如一日坚守在三尺讲台,精研课堂,精进教学，让自己始终走在教科研行动研究的路上；以李艳霞名师工作室为依托，为青年教师搭建成长平台，为教科研队伍不断培养新生力量；在不断付出中，我收获着喜悦，更坚定了前进的脚步。

合：绿荫不减来时路

2020年12月，我的教学著作《我的教育实践与研究》一书，经过近三年时间的写作与修改之后完成初稿，邀请陈老师为我的书作序，陈老师欣然命笔，在序里回顾我的成长历程给予了充分的肯定，并对我的教师成长之路提出了更高的要求与期待。

几度风雨春秋，走过生命的不同阶段之后，我更愿意把人生当作一场没有硝烟的战斗。很多时候，我们的敌人除了在工作和生活当中面对的困难之外，最大的敌人就是我们自己，疲惫、怠惰、失落、自卑、挫败、放弃……时刻困扰着我们。每当一番挣扎，战胜了自己内心的虚妄之后，我总是对陈老师心存一份感激，感谢他用自己的远见卓识引导了我，感谢他用自己的身体力行教育了我，更感谢他特有的积极乐观、永不言弃的人生态度影响了我。

绿荫不减来时路，这是一条阳光明媚的路，一路上所拥有的是盎然的春色，带着初到时的那份热情，我将挥手告别过往的岁月，将她赐予我的得失成败小心地装入行囊，深深呼吸，再次上路，心怀感恩，让回忆永远温馨。

李艳霞，女，高级教师，中文专业本科学历，中国教育学会会员，天津市教育学会小语协会理事，天津市未来教育家奠基工程三期学员，天津市学科骨干教师，河东区十三五课题专家，河东区名师，河东区李艳霞名师工作室领衔人，天铁教委第一届优秀教师、首届标兵教师，首届"最受学生欢迎的老师"。现任天津市河东区天铁第一小学副校长、语文教师。

研究意识与职业幸福
——解读陈自鹏老师的教研思想

陈海申

2012年岁末,中央电视台推出的"你幸福吗?"大型调查活动引发了民众和舆论的热议,自此"幸福"成了社会和网络的热词。那么什么是幸福,什么是幸福感?翻开《现代汉语词典》我们得知,幸福是指使人心情舒畅的境遇和生活。幸福感是一种心理体验,它既是对生活的客观条件和所处状态的一种事实判断,又是对生活的主观意义和满足程度的一种价值判断,它表现为在生活满意度基础上产生的一种积极心理体验。那么教师的幸福感体现在哪里?怎样引导教师走向幸福之道?最近拜读了陈自鹏老师的专著——《教师幸福追求之道》,它给我们做出了完美的回答。

在陈自鹏老师的影响下,在天铁这片教育热土上,"学、做、研的统一是教师专业成长和幸福体验的基本途径",已经成为广大教师和教育工作者的共识。陈自鹏老师说,能不能在学和做的基础上进行科学研究是一般教师和优秀教师的分水岭,我赞成这个观点。陈老师很早就注意到了这条路径,因此,一直一边学习一边思考,一边教书一边研究,一边管理一边探索,积累了很多宝贵经验,在报纸杂志发表了400余篇文章,出版发行了十多部著作,今天的《教师幸福追求之道》就是其中结晶之一。教育教学研究给教师带来的成就感和幸福感,带来的"巅峰体验"是其他工作和职业所无法比拟的。

教师专业成长研究的范围很广泛,然而,四个方面的问题研究是必不可少的,即重点问题、热点问题、难点问题和疑点问题。研究重点问题可以提纲挈领,把握规律,解决主要矛盾。研究热点问题可以把握契机,与时俱进,加快教师成长速度。研究难点问题可以弥补教育教学中的短板,夯实教师专业成长的底蕴。研究疑点问题可以扫清教师专业成长道路上的障碍，为教育教学的发展打开一扇天窗，开垦一片绿洲，让教育教学"柳暗花明又一村"。

树立研究意识，首先体现在教师所学专业的学科领域。

"自助者，上帝助之"，做学生，陈自鹏老师精益求情，涉猎广泛，他拥有两万余个英语词汇量，入选天津市高级外语人才储备库。扎实的学科知识，过硬的文化素养，深厚的人文底蕴，使他研究学科问题得心应手。研究学科问题他不仅重视"道"的研究，同时也重视"术"的探索。比如，在2002年出版的《高考英语作文六步法及训练》一书中，他提出了仔细审题、清理要点、译写单句、连词成篇、检查润色、定稿誊写的高考英语作文"六步法"，对提高学生高考英语作文成绩奠定了扎实基础。在2003年出版的《老师帮你记单词》专著中，他提炼总结出了40余种英语单词记忆方法，为学生高效记忆单词提供了帮助。在2006年出版的《老师帮你学语法》专著中，创立了情景英语的教与学模式，使抽象烦躁的语法学习变得简单有趣多了。在2012年出版的《中国中小学英语课程教材教法百年变革研究》作者较为全面地研究了1902—2001年百年间中国中小学英语课程教材教法变革情况，对中小学英语课程教材教法变革中存在的矛盾和问题提出了解决的对策，并对课程教材教法未来的改革及发展趋势做出了展望，这一著作确立了他在中国中小学英语课程教材教法研究领域的领先地位。大道至简，陈老师把英语语言规律和教学规律简化为"一二三四五六七八"36点，即明确一个目的，发挥两个作用，关注三个路子，培养四个意识，掌握五个技巧，突破六个关口，做实七个环节，理清八个关系。这是对英语语言规律和教学规律高度全面化概括化的归纳，在英语学界产生了广泛的共鸣。

树立研究意识，其次体现在教师教育教学实践中。

陈自鹏老师是传播教师幸福之道的使者。他做教师，享受教育，不知疲倦，即便后来任职各级领导，也始终没有离开过教育教学一线岗位。因此他洞悉教育教学方方面面的利弊得失，这为他研究教育教学中的诸问题提供了素材奠定了基础。

目前天铁教委各学校都在实施高效教学,并取得了良好的效果。这得益于陈自鹏老师早期对"构建教学整体优化体系"的研究,他在潜心研究分析国内外有关构建教学整体优化体系情况以后,提出了优化教学思想、优化教学环境、优化教学目标等"教学整体优化体系十要素理论"。并对十个要素在系统中的地位、作用与优化对策进行深入探讨,最后生成了《天津铁厂教学整体优化方案》,成为天津铁厂教委教育教学纲领性的指导文件。他的研究成果对天铁区域教学整体优化、提高教学效率、提升教学质量起到了至关重要的作用。

树立研究意识,还体现在教育教学管理上。

陈老师是一位完美主义的追求者,他做管理,每个角色都异常出彩,使得天铁这个远离繁华都市的区域教育声名远扬。通过他对实施素质教育、办人民满意教育的研究,我们足可以看出他的睿智和境界。

1999年6月中共中央、国务院做出了《关于深化教育改革,全面推进素质教育的决定》。在这之前很早的时候,他就有多篇有关素质教育的文章比如《素质教育呼唤正确的教学思想》《国民素质教育要从小事做起》等见诸报端。针对人们的不适、不安甚至不解,他高瞻远瞩,奋笔疾书,大胆提出了坚持素质教育领先应该处理好传统教育观与现代教育观的关系、学校教育与家庭教育、社会教育的关系等十个方面的关系。"十大关系"的论述为天铁学校全面推进素质教育指明了方向,助推了天铁各学校素质教育的健康发展。

他说,办教育就要办人民需要的教育,办人民满意的教育。近年来,天铁教育的"幸福指数"不断提高:学前入园率保持100%;小学适龄儿童入学率、保持率100%,并全部实现就近入学,教育均衡、优质发展;中考毕业合格率100%,平均分远超天津市平均成绩;高考一本上线率40%以上,二本上线率80%以上,众多学子考入国内知名高校;冶金分院外语四级考试通过率位居天津市同类高校第一名……

苏联著名教育家苏霍姆林斯基有句名言:"如果你想让教师的劳动给教师带来乐趣,使天天上课不至于变成单调乏味的义务,那你就应当引导每一位教师走到研究这条幸福的道路上来。"陈自鹏先生就是这么一位"引导每一位教师走到研究这条幸福的道路上来"的幸福使者。

陈老师的教育思想,管理思想,博大精深,陆才如海,潘才如江,我辈愿执鞭随镫,丹漆随梦。

陈海申,男,天津市河东区天铁第一中学书记、校长,高级教师,天津市河东区突出贡献人才,系陈自鹏指导的河东区名师工作室领衔人深度培养学员,有多篇论文发表在省市级以上刊物。

我的研修感悟

张军民

"读万卷书不如行万里路,行万里路不如阅人无数,阅人无数不如名人指路。"一个人的成长固然离不开自身的奋斗和努力,但如果有名师指点,就会避免走很多弯路。名师工作室就是一个很好的平台,它为青年教师的成长提供了一个广阔的发展和成长空间。

名师工作室由名师引领,利用名师效应,发挥团队协作优势,进行学术研讨和交流。它对促进一个地方学术水平和教科研水平的提升,加强区域学术交流,促进青年教师成长,有着很大的促进作用。

一、"沙龙"研讨,共同提高

2012年,我和其他几位教师有幸成为"陈自鹏工作室"的一员。我倍加珍惜在名师工作室学习交流的机会,也很怀念跟陈老师和同事们研修学习的快乐时光。其间,陈老师给我们布置一些书目,要求我们认真研读并撰写学习体会,然后,以"沙龙"的形式一起讨论交流学习心得。有的结合自己孩子教育的问题进行自我反思，有的结合教育教学进行反思，有的谈人生感悟，有的谈对生活和现实的感悟……言谈中洋溢着老师们睿智的思考和深刻的反思。陈老师时不时地进行点拨和启发，为我们斧正观点，定准好人生的坐标，指明奋斗的方向。陈老师还传授给我们许多专业知识，比如，如何撰写论文，如何进行课题研究等。陈老师还让我们写文章，帮我们修改、润色，还帮助我们发表。在陈自鹏老师的谆谆教诲和工作室同事们的热心帮助下，我在教育教学理论学习、论文写作、课题研究等方面有了很大提升。

陈老师还给我们讲一些他的人生感悟，我们受益匪浅。他曾经跟我们说，其实，通往成功的道路上并不拥挤，关键是，我们要把握好机会，要时刻做好准备，因为机会永远属于有准备的人。有时候，机会就在你眼前，你却没有做好准备，也是枉然。陈老师的成功就是最生动的诠释。他教过小学，教过初中，也教过高中；做过学生，做过教师；做过班主任，当过校长，直至教委主任。陈老师用他的实际行动告诉我们，一个人只要不断地奋斗，不断地学习，不断地积累知识，提升能力，提高自己的综合素养，那么，他/她一定能成功。

二、治学研究，"严"字当头

我从陈老师身上学到了他严谨的治学态度和孜孜不倦的学习精神。陈老师虽然中师毕业，但他热爱学习，酷爱读书，他通过自学，先后取得专科、本科、研究生和博士学历。目前，他还是天津师范大学的硕士生导师。陈老师利用业余时间笔耕不辍，一本本著作在他的辛勤付出下出版。有《老师帮你学语法》《老师帮你记单词》《我做学生——从顽童到博士》《我做教师——从普通教师到特级教师》《我做管理——从班主任到教委主任》《中国中小学英语课程教材教法百年变革研究》《教师幸福追求之道》《英语高效教学论》等。陈老师之所以出版这么多的书，这是跟他博览群书而积累的渊博知识分不开的，跟他从小吃尽人间苦所磨砺的坚强意志和乐观向上的精神分不开，更跟他勤奋刻苦的良好品质分不开。而且，他对自己所著书质量要求非常高，一本书在出版前要反复修改，数次易稿，每本书的引用和出处，他都要详细的考证，以求准确翔实。一个人要想做学问，搞研究，就要严肃认真，严谨治学，精益求精，来不得半点马虎。

三、积极乐观，追求幸福

从陈老师身上，我学到了他积极、乐观、向上和追求幸福的精神。跟陈老师在一起，他就是一个和蔼可亲的长辈，脸上始终洋溢着自信、幸福和喜悦。他所著的《教师幸福追求之道》一书就是很好的例证，为老师们探索出了一条光明的幸福之道。陈老师从小家庭困难，但却磨砺了他不屈不挠的性格和乐观向上的精神，虽然一次次遭受挫折，可他一次次挺了过来，靠的是什么，靠的是他从小练就的坚强意志和积极、乐观、向上、不屈不挠、愈挫愈勇的精神。这是陈老师成长的精神财富，也是每一位想要取得一番成就的有志之士都应该具备的良好品质。"幸福都是奋斗出来的。"陈自鹏老师就是通过自己努力奋斗才取得了今天的成就，才会有今天的幸福生活。

四、退而不休，继续奋斗

陈老师"活到老，学到老，奋斗到老的精神"令人敬佩。陈老师虽然退休了，还到全国各地讲学，参加学术研讨，著书立说。有的人没有退休盼着退休，退休了就什么也不干了。我们应该学习陈老师的这种"老有所为，老有所乐"的精神和人生境界。幸福是什么？幸福就是身体健康，心情愉悦；幸福就是快乐学习，快乐工作；幸福就是知足常乐，心态平和，幸福就是老有所养，老有所为；幸福就是送人玫瑰，手有余香。

五、名师引领，小有成就

我在陈老师的指导下，在工作室同事们的帮助下，取得了一点成绩：

《对华氏功能法的认识、实践与反思》一文发表于《天津教育》（2013.11），《太行深处桃李香——天铁第一中学教育教学改革纪实》发表于《新教育》（陈海申 张军民合作），论文《依托"三环六步智慧课堂教学模式"培养启迪学生智慧》获天津市二等奖；课题《微翻转课堂实践研究——微翻转课堂pad班实践研究》（陈海申 冯利强 张军民）、《天铁区域内学生校园课外文化建设的实践与研究》（陈自鹏 杨文清 王志强 张军民）（2018年）均已顺利结题。其中，《对华氏功能法的认识、实践与反思》一文就是在陈老师的帮助和指点下完成的。陈老师对文章引文的出处要求非常严格，文章的出处没有明确注明，陈老师要求我必须注明。还有几处词语用得不够恰当，他也帮我进行了修改。我被陈老师精益求精、一丝不苟的学术研究态度深深地打动了。另外，我还采用陈老师教给我们的课题研究方法，先后顺利地完成了《Ipad翻转课堂模式探究》《校园文化研究》等课题研究。通过课题研究，我也获益匪浅，在此，对陈老师的辛勤付出表示衷心的感谢。

张军民，男，天津市河东区天铁第一中学高级教师，天津市优秀教师，曾于2018年3月-2019年8月，到西藏自治区江达县支教，有多篇论文发表在省市级刊物上。

学校管理的结合之美
——感受导师的幸福教育

张丽

2015年，我有幸参加了"陈自鹏工作室"学校管理组的研修学习，在陈博士工作室这个大家庭里，不仅学到了教学的相关知识，更从老师身上看到了什么是"人格魅力"，什么是"孜孜以求"，老师用自己的亲身实践引领我们，让我在学习中充实，实践中提升，反思中成长。成员的互相切磋，实践的锻炼机会，书籍的研读内化，丰富着我对教育的认知，也提升了我的教学眼界和思想境界。尤其是陈博士在《教师幸福追求之道》一书中的"幸福论"，让我感触很深，教师是否幸福，于个人是一种感受，更是一种体会。作为管理者，不仅要幸福地学习、幸福地工作、幸福地思考、幸福地研究、幸福地传播、幸福地成就，同时也要用幸福的价值观去做好学校的管理，让教师享受教育的幸福，让学生享受幸福的教育，努力打造文明校园、品质校园、美丽校园、平安校园。

一、人性化与制度化完美结合　让教师享受工作的幸福

1. 工作上巧安排　让每位老师顺心

新学期的教学人事安排是教学管理工作的重要环节，合理的人员搭配，不仅需要方法，更是一种智慧，只有做到人尽其才，搭配合理，才能充分地调动每位教师的工作积极性和主动性，教师们才能从内心里愉快地接受学校的安排，所以让每位老师工作顺心是我们工作安排的目标之一。

我们在遵守相对稳定、人尽其才、均衡配置原则的基础上更注重遵循了"人性化"原则，在每学年结束时，我们都要充分征求每一位老师新学期的任教意愿，并做好统计和分析，在要求合理的情况下，尽量满足每一位教师的需要，对于不能达到要求的任课教师，一定要提前做好沟通交流，通过沟通交流，消除了隔阂，形成了共识，使教师们快乐地接受教学任务，充分体现"人情味"与"制度化"的有机结合。真正达到了管理是让被管理者人人快乐尽责的目的。

2. 制度上勤完善　让每位老师幸福

有人说：幸福是人的需要得到满足而产生的一种愉悦的感觉。那么如果以金钱和物质的满足来衡量幸福，我们学校能给予的就非常有限。但是，我们学校可以给予教师尊重、信任，可以给予他们更多的快乐、更多的幸福！怎样才能让老师们在快乐中工作，在工作中享受幸福呢？我认为学校要不断完善教师管理、考核制度，因为它是影响教师幸福指数的主要

因素。

学校的管理制度是对师生员工具有强制性和约束性的行为准则和规范，是治校之"法"。在工作中不难发现，教师对学校以各种文字性的制度以及一些冷冰冰的数字来规范教师行为的管理模式的认同度越来越低，他们对民主的要求越来越高。所以，在制度建设上，让他们参与到各项规章制度的制定中来，以此不断增强对学校的认同感和归属感，教师切实体会到主人的尊严，这就是一种幸福。另外我们还不断改革完善教师的评价考核制度。每位教师看重的不是物质奖励的多少，更多的是通过奖励体现学校对自己工作的一种肯定，同事对自己的一种认可和从中得到的一种成就感。所以我校结合实际情况，对评价考核方案进行了多次的修改与完善，更多地注重了教师的过程评价，将过去的奖惩性评价转化成发展性评价，着重于教师的发展，这在一定程度上缓解了教师的心理负担，给教师创设了一个宽松、平和的工作环境。

二、传统与网络完美结合　让教师享受成长的幸福

1. 搭建"微学习"交流平台

作为教师，每天琐碎的事情比较多，备课、上课、批改作业、管理班级、处理孩子们之间的矛盾等等，这么多事情，哪有时间进行学习呢？其实，时间就像海绵里的水，是需要挤的。不能集中时间学习，我们就用零碎的时间进行"微学习""微训练"，比如：教师的基本功训练"钢笔字每日一练"（也可每周一练），每日由一位教师担当主持人，出一道小题，可以是一首诗、一句名人名言、一句名言警句、一句你喜欢的话……教师可以选择一天中最想写的时间，将写的结果拍成图片发送到"校园论坛·每日一练"上，大家有时间就打开欣赏点评，每天进步一点点，日积月累就会进步很多。通过"每日一练"激发了老师们的灵感，在学生学习中也掀起了"每日一练"的热潮，英语训练"每日一篇小故事"，数学训练"每日一题"，语文训练"每日一首诗"……学生中的"微学习"也有主

播,每天一名学生出题,并定时主播揭秘答案。此活动可以在课间进行,也可回家后在微信群中进行。"微学习"不仅促进了教师的专业发展,也促进了孩子们的学习劲头,锻炼了学生的自主学习能力,促进了师生共同成长。

2. 搭建"微视频"分享平台

每位教师都会有这样的经历:"今天这节课感觉真好,学生学得也轻松开心。"这样的时候一定是讲课中出现了亮点,出现了创新,可能是一段精美的讲解,一段精妙完美的剖析,一个小小的新技术,一个师生探索的新方法,一段与众不同的学生评价……一个个看似很微妙的独特的亮点。这个时候教师一定要拿出手机将这美丽的瞬间录下来,制成"微视频",剪辑精彩片段留存,选出最满意的上传到教师学习空间,与大家一起分享。"微视频"的采集就像我们成长过程中留下的照片一样,让拍摄录制成为一种习惯,用手机留住精彩,传播精彩,学习精彩,促使教师成为专家型教师。

3. 搭建"学习共同体"互助平台

"一枝独秀不是春,百花齐放春满园。"学校应有计划地搭建平台,充分发挥不同专长教师的带动和辐射作用,组成"学习共同体",使个体经验经团队的磨砺后,教学特色、教学风格更为凸显。年轻教师教学经验比较少,但是学习新技术接受新理念相对比较快,年纪大些的教师教学经验比较丰富,专业能力比较强,但是学习新技术相对比较慢。将年轻教师和年纪大些的教师组成"学习共同体",可以是两个人,也可以是多个人,这样从单兵作战走向合作共赢,个体力量又发散成集体智慧,大家相互学习,共同进步,学校最终将促进新一批教师的专业化发展。

三、工会活动与教育教学活动完美结合　让教师体验"家"的幸福

1. 工会活动与教学工作结合,助力教师专业发展

教学质量是学校的生命线,是学校的立校之本。工作在教书育人第一

线的广大教师，担负着教学的重任，面对教育正在加快走向现代化的新形势，需要他们有很高、很强的综合素质与能力。学校工会可以围绕学校的教学工作中心，坚持开展活动与教学工作及教师专业发展相结合，始终把抓教职工队伍整体素质的提高作为工会工作的长期任务。为此，我校工会结合学校工作实际和教师发展需求，与教导处携手，精心组织了高效课堂竞赛课、"书香润心灵，阅读促成长"读书比赛、硬笔书法比赛等展现教师个人的自我研修能力的比武活动，以及教学模式教研活动、"线上线下教学衔接"专题教研活动等旨在促进教师教科研能力提升的研讨活动，为教师专业发展和学校教学质量的不断攀升贡献工会的智慧与力量。

2. 工会活动与德育工作结合，营造和谐校园氛围

为进一步落实立德树人的根本任务，提高全校师生身体和文化素质及实践能力，传承中华民族的传统美德，推动形成厚重的校园文化积淀和清新的校园文明风尚，学校工会可以结合德育处开展丰富多彩的德育活动，全方位展现学校素质教育成果和学生的精神风貌，形成"人人展示、班班参与"的德育文化艺术氛围。为鼓励老师们融入学生的学习和生活，营造和谐的校园氛围，学校工会结合学生活动之时，组织教职工与学生一道参加活动，在活动中展现教师风采，展现教师的情感和思想世界，让学生感受老师的爱与乐，看到三尺讲台之外老师的动人的一面。比如学生举行趣味运动会的同时，我们组织老师进行木棍赶球比赛，老师们在学生的加油呐喊声中积极投入，奋力拼搏；学生演讲比赛之前，我们组织老师以个人或年级组为单位进行师德演讲，既弘扬教职工爱岗敬业、无私奉献的精神，又可以展现为人师表的风采，为学生的演讲能力做一个生动的示范；学生举行歌唱比赛时，我们组织教师或加入班级，或进行个人才艺展示，在校园一展歌喉，展现教师魅力，拉近师生距离。精彩纷呈的舞台不仅是学生们欢乐的摇篮，更将每一次活动变成全校师生共同的节日，师生同台，其乐融融，校园时刻洋溢着和谐的春风。

总之，在课程改革的新形势下，学校工作要与时俱进，巧妙挖掘教育

教学中的结合点，充分利用好各结合点之间的关系，努力为师生们搭建多元的展示平台，不断完善管理机制，创新管理形式，增强管理工作的实效性。只有这样，我们教师的专业水平才能得到不断提升，我们的课堂教学才会更加轻负、高效、快乐！

一分春华，一分秋实。跟随陈博士，既有观念上的洗礼，也有理论上的提高，既有知识上的积淀，也有教学技艺的增长，我在勤奋、思考的坚守中收获了一路喜悦。我将本着"勤学、善思、实干"的准则，一如既往，再接再厉，做一个充满激情的教师，做一个智慧的管理者。

张丽，女，本科学历，现任天津市河东区天铁第三小学副校长，高级教师，天津市首届优秀教学校长培训工程学员。从教30年来，工作作风严谨，勇于开拓创新，形成了自己的教学特色。在教学实践中，擅长把思想性、科学性、艺术性、创造性渗透在教学中，把枯燥无味的课堂变得生动有趣，结合教学实践，所撰写的多篇论文在天津市创新论文比赛中获奖。担任副校长工作以来，认真学习教育教学管理理论，用自己独特的管理方法，使学校的教育教学取得了很好的成效。良好的师德修养，精湛的教学艺术，科学的管理方法，赢得了师生的尊敬和信任，多次获得标兵教师、先进个人、三八红旗手、学科带头人等光荣称号。

成长路上的引路人
——我的师傅陈自鹏博士

杨文清

我有幸两次进入陈自鹏工作室研修。在工作室领衔人陈自鹏博士悉心的专业指导下，使我在专业理论学习、课堂教学和教科研方面收获颇丰。

2013年9月份，经学校推荐，我成为陈自鹏名师工作室的一员，从那时起一直觉得能够有那样一个宝贵的机会参加工作室的研修和学习，是我专业成长路上极大的幸运。加入到工作室后才发现，这里是一个思想的殿堂，知识的世界；到了工作室，才发现自己学到的太少，能做的太少，这时也发现自己有太多学习和研究的理由和冲动。

记得刚刚成为工作室的学员之际，师傅陈自鹏博士便和我认真分析我自己的优势和所面临的问题及短板，并根据工作室的要求，制定出了详细的研修计划，进一步明确了个人专业发展方向。工作室也为学员们配备了非常丰富的专业成长书籍和教学理论书籍，为了在每次研修中帮助我们这些学员们尽快成长，师傅十分注重带领大家学习先进的教育教学理念和丰富的专业知识，引导大家不断地充实自己，多次组织大家参加外研社的各类教研活动，作为学员的我们也十分珍惜由名师工作室组织的各项学习和研修活动。

后来，在河东区委、区政府和教育局的大力支持下，2018年4月"河东区陈自鹏名师工作室"成立，工作室的每个成员都是来自河东区不同学校和不同教学段的骨干教师，当时又一次被选中加入陈自鹏工作室的我深感自己的专业知识和教育理论离名师还是有很大的距离，于是暗下决心一定要更加珍惜这个宝贵的学习和成长的机会，积极参加工作室的活动，虚心向师傅和其他的优秀教师学习，努力提升自己各方面的素质。进入工作室研修以来，学员们在陈自鹏博士的引领下，明确了工作室的努力方向，制定了具体的学习目标，工作室通过团队建设，为大家搭建学习和研究平台，为我们的专业成长提供了有效的帮助和指导。

回顾在名师工作室的学习经历，我深切地感受到这个集体带给我的启迪与收获。在陈自鹏博士的悉心指导和全体工作室成员的大力协助下，我在这个民主团结和谐共进的团体中和大家一起共同成长。每次听课评课、外出交流、课后反思、专题研讨、工作室沙龙等活动都是最直接最有效的精神食粮，多年来一直鼓舞我不断进步。

一、在阅读中丰富自我

在跟随师傅学习的日子里，我发现师傅不是一般的爱读书，无论是谈及教学理论还是英语专业知识,师傅总是信手拈来,他渊博的知识和严谨的学习态度深深地感染了我和身边的很多老师。自加入工作室以来,师傅向我们赠送了《英语教育在中国的历史和现状》《中国中学英语教育百科全书》《英语教学法教程》等经典专著,并鼓励大家和他一起写读书笔记和心得。每次当我有所懈怠的时候,一想到师傅从中专到教育学博士的艰难求学经历,我就暗下决心一定要努力学习,绝不能让师傅失望。师傅不仅爱读书,还爱写书,在我对英语教学迷茫的时候,通过阅读师傅编著的《中国中小学英语课程教材教法百年变革研究》,让我对英语教育的发展和英语教学有了深入的理解,正如资深英语教育专家刘道义老师在为该书所作的序中说道:"该书史料丰富,概括梳理思路清晰,语言流畅,可读性很强;该书善于聚焦,辩证思考,分析到位,具有较强的说服力。"尤其让我印象深刻的是师傅在书中提到"知识是基础,能力是目的,真正的语言教学是知识和能力的统一",这给在新课改阶段如我一般处于迷茫状态的英语教师们提供了清晰的思路,也指明了努力的方向。在我对自己的课堂不太满意但又不知如何改进时,师傅送给我的他所著的《学校教育100课》,在认真阅读后我知道了课堂可以有很丰富的形式,就看作为教师的我们如何去探索和挖掘;后来从给师傅编写的《英语高效教学论》提供课例再到认真研读这本专业性很强的著作,让我认识到英语教师只有研究、遵循、运用语言规律和教学规律并优化教学目标、教学环节、教学策略和教学评价才能真正实现英语高效教学。研读师傅专著同时反思自己教学的各个环节,我又重拾信心,更加专注于教学各环节的改进和优化。在我对教育教学有所懈怠的时候,我便会去阅读师傅所著的、由人民教育出版社出版并收入中国特级教师文库并在发布会上得到高度评价的《教师幸福追求之道》一书。感受师傅从教、学习、研究过程中从心底里流淌出来的幸福感和他无处不在的感恩之心,正如著名当代教育家朱永新老师在该书的序中提到的"书中进山、登山、乐山之路,其实也是我们每位教师的人生之路。既然选择了教师这个职业,进了教育这个山门,我们就要努力攀登,不懈追求,扎根教育,书写自己生命的传奇"。

二、在研修中提升能力

在工作室跟随师傅做研究的几年时间里,我从师傅身上看到了什么是真正的名师的人格魅力,什么是一个学者对自己的高要求,什么是对徒弟的毫无保留。师傅从来不和我们说大道理,而是用他自己多年的亲身经历和积累了多年的丰富教育教学经验指引我们、启发我们,告诉我们如何教学、如何做科研、如何教育学生。在课堂管理、教学经验、课题研究,甚至是生活的方方面面,师傅都毫无保留地指导和帮助着我们。

一直记得在工作室成立之初师傅告诉我们的话:"大家一定要把教育教学工作放在首位,课堂是大家教学的主阵地,而我们工作室所做的研究都是为大家的教育教学服务的。"让我印象特别深刻的一次经历是2015年跟随师傅学习和研究的事。那年我带的班刚有了高考超全市平均分33分的优异成绩,不知是自己过于自信于原来的教学套路还是新的一届学生不太适应我的教学方法,我带的新班级英语成绩不太理想,在我苦恼于找不到好的改进方法的时候,师傅让我为英语《高效教学论》提供优秀课例,我参与了从调查问卷到新的授课方式的尝试再到优秀的课堂模式的形成,再到2018年12月师傅的著作《英语高效教学论》出版的整个过程。在三年多的研究过程中,我一边跟随师傅学习英语教学中的目的论、过程论、方法论、模式论和规律论,一边不断摸索最新的教学模式,并将优秀的适合于我的学生的教学方法运用于当时的课堂实践过程中,渐渐地我的课堂也越来越受新同学的欢迎。记得有位刚开始不太爱上英语课的赵同学在一次教学反馈调查中写道:"现在的我不想错过每一节英语课,因为杨老师总是在课堂上带给我们惊喜。"如此难得的反馈更是激发起了我对课堂教学和教学研究的热情,在2017年我不仅被评为河东区首届学科领航教师,还有幸参加了2018"国培计划"全国高中一线优秀英语教师研修项目,并多次在教育中心复习观摩课获一等奖,更令我欣慰的是在多次评教评学活动中我被评为"最受欢迎教师"。经过不懈的努力，在2018年高考中，我所带的高三五班英语平均分高达128.7分。我深知，这和师傅所坚持的"教学必须抓课堂"的教育思路和"发现真问题，研究真问题"的研究理念是分不开的，有了这些经历和经验，我的教育教学工作更得心应手了，我也更加热爱教学、热爱学生了。

三、在反思中不断成长

对于年轻教师而言，最头疼的事莫过于写论文和做教学研究了。但是在跟随师傅学习的过程中，渐渐发现师傅有个很大的特点：随时记录一些所见所闻、所思所想，日积月累，便是不错的文章。每年7万字的读书笔记，每年阅读60本经典书目已经成为师傅的生活常态。仅仅六年时间里师傅就在《天津教育》《天津教育报》等多种报纸和杂志公开发表100余篇文章，而且题材广泛，涉及教学研究，教改观察，教学探讨，学校管理，学校发展等诸多方面。作为徒弟，我们深知，师傅一直在用自己的知识和实践撰写关于教育的方方面面的文章。并致力于为天铁教育，为河东教育，为国家教育贡献自己的力量。

在师傅的影响下，我也开始学习用碎片化的文字积累一些教学中的心得和感悟，在师傅的耐心指导下，我渐渐发现写论文和做教学研究其实也不是太困难的事，我所撰写的论文《转变英语学习方式，提高英语学习效率》发表于《天津教育报》，论文《谈任务型教学法的实践与反思》发表在《天津教育》，我在第二届津冀论坛宣讲论文《唯有"生"动，方能"高效"》获得一致好评。师傅带领我参与《天铁区域内学生课外文化活动的实践与研究》等多个国家级、市级和区级课题研究并顺利结题。在新一轮的课改实施之初，师傅带领工作室成员认真学习2017版新课标，并鼓励我在区域学术论坛做了《立足核心素养、提升教师素质》的讲座，在师傅的精心的指导下，通过讲座活动和英语沙龙活动，让我和天铁的英语教师们对新一轮课程改革有了更具体、更深入的理解。

四、在交流中逐渐领悟

在工作室研修期间，师傅为学员们提供的是家一般的氛围，虽然师傅的工作非常繁忙，但是还是经常抽出宝贵的时间和大家一起探讨交流。我们非常喜欢这个工作室，在师傅的带动下，这里有温馨团结的学习氛围，尤其是师傅创设的浓厚的学术氛围，让我们忘却平时工作的辛苦，让老师们重新做回学生的身份，体会学习和成长的快乐。每一次的话题和每一次活动设计都彰显着师傅的教育智慧，再加上工作室的学员各有特长，各有特色，每一次的研讨，都是我们互相问候、交流谈心、畅所欲言的宝贵机会。在这里我们丝毫不用避讳自己工作中遇到的问题和烦恼，因为我们深知在师傅的指导和同伴们的帮助下一定能找到解决问题的最佳方法，这样的交流活动帮助我们消除了很多工作和生活当中的困惑。在工作室我们也得到了很多的来自师傅的支持和鼓励，我们一起学习，一起研究，取长补短，共同提高，各抒己见，也聆听他人的想法，博采众长，共同进步。

在工作室跟随师傅学习期间，通过读书，我深刻体会到学然后知不足的道理。通过反思，我发现想成为一名专业化研究型教师，还有很多路要走。研修的几年间，工作室里浓浓的学术氛围深深地吸引着我，在专家引领和同伴的感染下，我的学习观和价值观发生了巨大的改变，研修使我的教育教学理念得到了快速转变和提升，尤其是养成了教学之后必做反思，作课之后必做反思，教育活动之后必做反思，这个习惯让我的教育教学工作也变得更加得心应手。我觉得在工作室的每一次的学习和研讨都让我有很大的收获，在今后的工作和学习当中，我应当继续向师傅及其他工作室的老师请教和学习，多阅读专业的书籍和论文，进一步提升自己的理论水平，不断反思自己的课堂，撰写专业的论著，继续发挥引领示范作用，进一步提升专业能力和教育教学水平。

教育家苏霍姆林斯基说，请你记住，你不仅是自己学科的教育，而且是学生的教育者，生活的导师和道德的引路人。正因为如此，在教书育人的道路上，首先得自己不断求索，要求自己不断进步，方能不忘教书育人这一初心，继续前进。在工作室研修一路走来，我们从师傅那里不断汲取新的知识和养分，这些知识和养分不仅丰富了我们的大脑，更是滋润了我们的心田。在研究的几年间，我们深深地明白集众人之长补自己之短是一件快乐的事情，正如师傅经常告诫我们：做教育的人，他自己首先得是一个能获取快乐并传播快乐的人，而我的师傅陈自鹏博士就是这样的一个人。正如魏书生先生给工作室的题词"立德立功立言"，这六个字不仅表达了魏书生先生对师傅陈自鹏博士的敬佩，也贴切地概括了工作室的初心和努力方向。希望在以后的学习生活中，继续向师傅学习，求真向善，乐享教育这份工作。作为工作室的一员，我将牢记师傅教导，秉承师傅严谨刻苦的工作作风，不忘初心，努力前进。

感谢我的师傅——我的专业成长路上的引路人。

杨文清，女，中学高级教师，河东区陈自鹏名师工作室成员，河东区学科领航教师。在教学实践中，潜心研究高中英语教学，专注研究考纲和历年高考试卷，教学方法灵活多样，形成了小组合作、自主学习、多元互动的高效的课堂教学模式，多次荣获高考一等奖，系"国培2018"全国一线英语优秀教师国家级培训优秀学员。撰写的论文《培养良好习惯，优化英语教学》获中国教育学会第19次论文年会二等奖，论文《对任务型教学法的认识，实践和反思》发表在《天津教育》杂志，论文《转变英语教学方式，提高英语教学效率》发表在《天津教育报》，《新课程背景下高中英语词汇教学初探》一文被评为天津市基础教育教学成果，《浅谈英语作业批改的方法与后续工作》一文获天津市中小学第14届教研教改成果三等奖。主要参与的市级课题有《中小学"一条龙"英语教学研究子课题》《落实立德树人根本任务的有效机制研究》，参与国家级重点课题《天铁区域内学生课外文化活动的研究和实践》等多项课题研究并已结题。

师爱无止境　感恩到永远

赵俊芳

2015年，我非常荣幸地成为陈自鹏工作室的第三批学员。陈老师正直而热情，豁达而宽容，谦逊而负责，勤奋而智慧。他有读书人的气质，有文化人的情怀，有研究人的严谨，有士大夫的风骨。入工作室研修以来，在陈老师的悉心指导下，在他认真踏实的工作作风的感染下，良好人格品质的熏陶下，我各方面都有了进步和提高。衷心感谢陈老师对弟子的关爱和引领，师爱无止境，感恩到永远！

未曾拜师　先蒙师恩

我2001年大学毕业来到铁厂工作，陈老师是教委主任。那时对陈老师的认识只是新闻中的人物、报纸上的图片。2002年陈老师面向全厂招聘教师的决策让我尘封多年的教师梦重新见到了曙光。通过层层选拔，我光荣地成为了一名人民教师。那时对陈老师的认识只是教师大会上的领导。直到2015年我有幸进入陈自鹏工作室学习，才真正近观恩师。非师范类学校非英语专业的我，仅凭着对教师这份职业的热爱，完全撑不起这份重担。初为人师的我毫无头绪，苦恼于如何去做一名教师，如何去做一名好教师。那时陈老师的著作《我做教师》带着墨香欣然赠予我们这些基层教师。读后拨开眼前层层迷雾，让我豁然开朗。那时读了陈老师的《我做教师》才知道原来我和老师有类似的经历。"文革"打碎了陈老师从小的教师梦，老师抓住机遇通过努力实现了自己的梦想。高考改革同样打碎了我的教师梦，陈老师的一次面向全厂招聘教师的决策实现了我儿时的梦想，可谓安抚了我一生的忧愁。1997年高考改革先报志愿再考试，公费自费并轨，唯有师范类仍有公费生，导致师范类录取分数大幅度上扬，第一志愿报高了，未能进入我梦寐以求的师范类学校。我被调剂到包头钢铁学院学习仪器仪表专业，毕业后在计电厂工作，这不是我想要的生活，我忧愁呀！全厂招聘教师圆了我的教师梦，让我成了一名崇高的人民教师，那真叫开心呀！想的简单做起来难呀！陈老师在《我做教师》一书中写到初上讲台的忐忑，简直就是我当时心灵的写照。"别误人子弟！穷则思变，学起来吧！"学习让老师从普通教师成为特级教师，从班主任成为教委主任，从顽童成为博士、教育专家。我也学，徜徉在恩师已开辟出的道路上，追随着恩师的脚步，学习让我从工人成为普通教师，从管不住学生的普通教师成为优秀班主任，从优秀班主任成为标兵教师，从标兵教师成为骨干教师。其实我进入教委还未进入工作室就已经在接受陈老师的教导了。记得2009年我参加天津市小学信息技术与课程整合优秀课评比，那是我教师生涯第一次参加市级比赛，紧张忐忑啊！当时陈老师和评委亲自来听我的课，课上看见陈老师鼓励的眼神让我紧张的情绪放下许多，课后评委仅仅对于我这个非师范非英语专业毕业的老师发音提出了一些问题，让正处于教师成长中我备受打击，是陈老师洋洋洒洒一番讲话，让我重拾信心。他讲如何去评价一节课，要从多角度去看，老师在矫正我发音不足的同时从很多方面表扬我这节课的成功之处。后来我在拜读老师的著作《我做教师》中详尽了解到老师谈及教师教学基本功，从谋、说、读、写、画、演、问、评、导、控等十个方面全方位评价教师在教与学的实践中获得的基本素养和基本能力。会后他亲自嘱咐让我多加学习和锻炼！经过几年的打磨和历练，我对于课堂教学轻车熟路，在各类区级市级大赛中获奖，曾获得天津市第八届双优课二等奖并参加全市的立体说课活动，教育部"一师一优课、一课一名师"活动中还获得了国家级优课。他用发展的眼光看待年轻教师潜力，激起我们向上的斗志；他用大海般的心胸接纳年轻教师的不足，给大家提供锻炼和学习的机会。他用教育的大智慧指引教师成长，感悟教育真谛。正是他睿智的管理才使天铁教育蓬勃发展。回想起来，我是未曾拜师，已蒙师恩。

仰慕恩师　学做学生

那时的我早已从心底自认自己就是陈老师的学生。记得我去天津参加双优课的比赛，在候赛区和老师们一起闲谈，谈到都来自哪个区呀？这个说我是和平的，城里人的优越感表露无遗；那个说我是蓟县的，明显掩饰不住郊区人的小自卑。"我，我铁厂的。""铁厂在哪呀？""在涉县。""涉县在哪呀？"作为一名山区人民教师，我说话的底气明显不足了。忽然天津市英语教研员张宏丽老师说"铁厂？你们那有个陈自鹏，是吧！教育界很有名！"一句话迅速让我找回了自信，"对，是知名的专家，出了很多书。他是我老师，我是他学生！"但那时我只是个冒牌学生。2015年我终于如愿以偿地成为陈自鹏工作室的第三批学员，开班仪式那天我第一次近距离接触陈老师真诚道出冒充学生之事，陈老师只是宽厚地笑笑，那时才真切体会到大家的宽容与大度，对后生的接纳与慈爱。开班仪式亲切而隆重，陈老师用自己的稿费给我们这些新学员买了很多好吃的，在轻松的氛围下陈老师对我们提出了要求、目标和期望。我终于成了陈老师真正的学生，我特自豪成为陈老师的学生。工作室给我创造了这么好的学习条件，有陈老师的理论引导和专业指导，有各位老师的帮助，我一定要好好学，希望有一天，让我的学生也不仅仅停留在特高兴成为赵老师的学生，而是特自豪成为赵老师的学生！陈老师从一名普通教师到特级教师所行走的人生轨迹让我从多方面反思和修正自己正在行走的道路。感谢恩师！让我学会了如何去做学生！

追随恩师　学做教师

在多年的教学实践中，很多时候属于一种无目的无意识的行为，只是知道我要这样做，却不知自己做的是什么？只是知道这样做学生才能学会，却不知为什么这样做学生就学会了？读了老师的《中国中小学英语课程教材教法百年变革研究》，对照这自己曾讲过的比较满意的课，才顿悟，原来我曾实践过这么多种的教学法；才知道从滥觞期到繁荣期，教法变革的特点是：不断丰富，曲折交替，逐渐综合的。老师在书中介绍了16种对我国教学产生影响的教法，66种我国独立探索的英语教学法。目前，我和一小英语组的同人们也在尝试探索建立自己的英语教学法。四学六步（导学、自学、同学、固学；创设情境、目标引导、精讲点拨、自主合作、巩固拓展、反馈评价）教学法初步成形，正处于盲目探索中的我们，从老师的书中知道现在我们要做的工作是开展实验，理论升华。书中给我们提供了观察法、经验总结法、调查法、个案研究法等多种研究方法。老师在书中不仅给我们的研究提供了方法，更告诫我们方法是理论升华的关键。在理论升华中，应重点把握两个重点：第一，科学的研究方法。第二，理论工作者与实际工作者形成互动。教研员与教师要形成互动，教师与学生形成互动。陈老师为我们以后研究工作指明了方向，让我们少走了很多弯路。

在工作室学习期间跟随着老师学、做、研，从只知如何做教书匠开始逐渐有意识地思考其背后蕴藏的理论真谛。学习期间老师以身示范，身先士卒，《学校教育100课》《教师幸福追求之道》相继出版，那时我们这些弟子们曾戏言，我们读书的速度赶不上老师的出书速度。追随恩师一起感受教育研究的魔力，感悟读书幸福之道、工作幸福之道、思考幸福之道、研究幸福之道、传播幸福之道。我不仅弥补了自己专业理论知识的缺乏而且促进了自己的专业成长。其间陈老师考取了博士，并引领我们完成了北京师范大学课程与教学论硕士研究生的学习。丰富了理论基础之后，在陈老师的悉心指导下，我开始总结和思考自己的教学经验并整理成文，论文相继获得市级及以上奖励。论文收录在工作室的《心语》文集中，第一次发表在《天津教育》上。追随着恩师的脚步，学做教师，让自己的职业生涯大放异彩！

我很自豪能成为陈老师的学生，在师傅退休之际出版了《致敬，六十年》。师父以感恩之心欣欣然谢幕第一个60年。又以感恩之心欣欣然迎接再一个60年。退休后的师傅教育研究依然硕果累累。陈老师始终行走在教师的幸福之道上,他一路带领着弟子们向着光明的目标前进。他以豁达、博爱之心慈爱后生,以勤奋严谨之风引领弟子们成长。师爱无止境,感恩到永远!

赵俊芳,女,天津市河东区天铁第一小学高级教师,大学本科毕业于包头钢铁学院,北京师范大学硕士课程班结业,陈自鹏工作室第三届学员。"爱与教育同在"是她一直坚守的教育信条。她用心血铸就爱,用爱坚守教育,教育教学教研成绩突出。荣获河东区优秀教师、骨干教师、感动河东教育人和天津市最美家庭等荣誉称号。公开课荣获天津市信息技术评优课二等奖、天津市第八届小学双优课二等奖、天津市中小学"学科德育精品课程"二等奖、教育部"一师一优课、一课一名师"部级优课。论文荣获国家级三等奖、教育创新论文市级三等奖,并有论文发表在《天津教育》上。

导师引领,成为更好的自己

成凤先

德国哲学家雅斯贝尔斯说:"教育就是一棵树摇动另一棵树,一朵云推动另一朵云,一个灵魂唤醒另一个灵魂。"教育的路上,教师的成长亦需要导师的引领。

一、一次书稿,结师缘

2018年元旦,我有幸参与陈自鹏老师的书稿《老师帮你学英语作文:新高考英语作文六步法及训练》的编写,陈老师让我负责的是"改写文"这一体裁的高考作文章节。说实话,那时的我对新高考作文及高中新教材内容没有深入了解过,对于高中阶段的学习还停留在学生时代,因此,对于这一重任我内心惶恐不已，而当我将内心的真实想法讲出来时，陈老师的一席长谈让我渐渐放下了心中的顾虑。最终，陈老师的鼓励与信任使我信心倍增，于是我决定努力尝试一下。在书稿完成的过程中，陈老师以及刘丽英老师给我提供了莫大的帮助，无论是资料的收集，还是文稿的反复修改，这一段经历使我收获的不仅仅是能力的锻炼与提升，更是对自我的潜力的挖掘与肯定！也是从那时起，我便亲切地称陈老师为师傅，师傅也接受了我这个"小白"一样的徒弟。

二、入室研修，听师言

又是一年芳草绿，到处是一片春意盎然。2018年4月陈自鹏名师工作室在天津授牌，我和我的同伴高秋舫老师、杨文清老师，以及天津七中的于慧老师和天津四十五中的巨淑萍老师荣幸地加入了陈自鹏名师工作室，成为一起研修的室友。同年7月，名师工作室正式在天铁挂牌成立。揭牌仪式后，名师工作室领衔人陈自鹏老师为我们每一位成员赠送了教育原著读本，并鼓励我们不断学习，从教育专著中汲取智慧，并将理论与实践相结合，勇于探索创新，迅速成长！在立德树人的教育实践中，在促进学生德有所立、智有所启、体有所健、美有所向、心有所养的成长中贡献自己的智慧和力量！

赠书仪式后，陈老师带领我们开展了工作室首期学术沙龙研讨。研讨中工作室每一位依次分享了自己的研修课题及课题实施计划，每听完一位成员的发言，陈老师均会针对我们的研修课题给予极富建设性的指导意见和建议。通过陈老师面对面的精准指导，每一位成员均对自己的课题研究方向有了更为清晰的认识和更加明确的实施计划。

沙龙活动结束时，陈老师最后的发言至今让我记忆深刻！他再次鼓励大家在实际教学中要树立代表作意识，要做一位心中有经典、研究有创新的教师。同时，陈老师也要求我们要养成向书本学习、向实践学习、向他人学习、向问题学习的习惯，并对这四种学习加以详细地拆解，帮助大家更好融会贯通、付诸行动。

1. 向书本学：首先要学好自身专业，其次要学习好教育学和心理学，最后还要学习教学论、教育史、教育哲学及其他相关学科知识。

2. 向实践学：要在实践中实做、巧做、精做、乐做。

3. 向他人学：要学大家境界，学精神、学态度、学方法。

4. 向问题学：要研究重点问题、热点问题、难点问题和疑点问题。

师傅的每一条总结均是言简意赅，字字精练，却又句句内涵丰富！那次的活动使我收获满满，同时也让我对今后的研修充满了期待！

三、搭建平台，促发展

为了帮助工作室每一位成员快速成长，同时更好发挥名师工作室的示范、引领和辐射作用，2018年12月，领衔人陈自鹏老师在天铁二中组织开展了工作室区域学术论坛讲座——教师为何及如何做教科研。讲座中，陈老师从理论的高度引领大家创新工作思维，并鼓励大家做科学规范、有意义、有价值、有温度的研究。同时，讲座内容学术专业性强，各理论要点环环相扣，层层递进，讲解深入浅出，给予与会教师很多教科研理念及方法的引领，引发了大家对教育教学的深度思索。同时陈老师的讲座提升了我对教科研的专业认识，点燃了我对教育教学研究的激情。教科研需要教师智慧，更彰显教师智慧。师傅的讲座拓宽了我的研究视野，引发了我对做教科研的热情！

跟随师傅研修的过程中，师傅不仅关注每一位成员教科研能力的培养与提升，更期待我们每一位成员通过名师工作室这一平台，引领大家为天铁及河东教育发展贡献更大力量。在名师工作室这个大家庭中，我们每一位成员既有分工，又有合作。工作室在大家的共同努力下，每一位小伙伴都获得了不同程度的提升，工作室学习和工作的氛围非常融洽。在工作室中，我负责工作室各项活动的宣传报道，记得刚承担这项工作的时候，我心里十分抗拒，因为那时的我深知自己文笔不行，且对写稿件不感兴趣，因而十分担心自己做不好。但当时师傅没有因为我的再三拒绝而批评我，他再次运用鼓励和充满信任的语气坚定地推了我一把，于是我接受了这项工作。

我一向对未知的工作不够积极，对自身的潜力不够自信。而师傅总能在我退缩不前、犹豫不决时给我恰到好处的及时鼓励，并不遗余力地帮助我，这使我慢慢树立了对自身潜力的肯定。每次完成宣传稿件后，我都会将稿件第一时间发给师傅和高秋舫老师，他们每次给我反馈的不仅仅是修改意见，更多的是对我劳动成果的肯定。正是这份充分的肯定，让我对宣传报道这项工作不再是抗拒，而是欣然接受每一次任务，并充满信心、全力以赴地完成任务，在师傅的鼓励下、同伴室友的帮助下，三年来我完成了十余篇工作室宣传稿件，文字撰写与配图设计，我都已是得心应手。渐渐我越发感受到，每一项新任务的开展都似乎开阔了我的一个新领域，所做的每一件小事都是我未来成长的重要阶梯，而这也成为我继续成长的内力。工作室的成长经历，让我深信：跳出舒适区，才能看到更美的风景，到达更远的路！

四、外出研学，互助力

问渠哪得清如许？为有源头活水来。每一次的外出研学都是一次收获满满的思维领航，而同伴室友的交流与分享，总是能让理论的收获迅速融入实际教学，解决实际问题。思想的交流、智慧的碰撞总能激发我们彼此不尽的教育激情。2019年4月我和我的室友参加了全国基础外语教育教学研讨会暨中小学英语阅读素养提升研讨会，这次研讨会让我对英语新课程标准在阅读教学中的落实有了新的启发与思考。2019年10月参加"天津·长江教育论坛"暨天津师范大学2019年基础教育论坛，论坛中既有教育前沿新理念，又有对新时期教育问题的诸多思考。外出研学开阔了我的教育视野，给予了我仰望星空的教育理想与教学素养，更坚定了我脚踏实地探索教育创新之路的信心。

五、三年研修收获与感悟

师傅的一路引领与鼓励，让我在教育路上成为更好的自己。2018 年 5 月我参加河东区班主任技能大赛并荣获中学组一等奖；2019 及 2020 年连续两年获得天津市高级中等学校招生考试（中考）特等奖；2019 年 8 月被评为天津市河东区教育系统优秀教师；2019 和 2020 年连续两次参加天铁教育中心"双优课"竞赛并荣获二等奖；论文《互联网信息技术下的英语教育变革探究》2019 年 1 月在《天津教育》杂志发表，论文《初中英语教学的有效课堂导入》及论文《"三环六步"教学模式下英语高效课堂初探》分别在 2019 年 9 月和 2020 年 12 月在《天津教育报》发表。

三年的入室研修，师傅传递给我的不仅仅是他专业的指导和思想的引领，还包括他严谨治学、乐学善思、享受教育的大家风范。师傅不论是做学生、做教师，还是做管理均做得游刃有余、硕果累累且幸福满满。他用心读书、潜心教书、精心著书，实现了"立德、立功、立言"的人生理想。他以身示范，向我们诠释了教育者的坚守与追求。我为师傅的人格魅力所感动、为他的学术魅力所折服，我期待做一位像师傅那样的教育者，行中有思、思中有悟、笔耕不辍，在日复一日的平凡工作中教学相长，在惯常的课堂教学中激情飞扬，做一个永远奋发向上、勇于攀登、自强不息、快乐幸福的教育人。

成凤先，女，天津市河东区天铁第一中学英语教师，本科毕业于天津外国语学院。曾荣获全国中小学英语教师园丁奖、全国中小学外语教学名师、天津市英语教育教学能手、河东区教育系统优秀教师、公司级先进工作者、教委标兵教师等荣誉称号。曾参加各级、各类竞赛课、观摩课、双优课等课堂竞赛，并荣获一、二等奖；2018 年参加河东区第三届班主任技能大赛并荣获中学组一等奖；2019 及 2020 年连续两年获得天津市高级中等学校招生考试（中考）特等奖；2019 和 2020 年连续两次参加天铁教育中心"双优课"竞赛并荣获二等奖；论文《互联网信息技术下的英语教育变革探究》2019年1月在《天津教育》杂志发表，论文《初中英语教学的有效课堂导入》及论文《"三环六步"教学模式下英语高效课堂初探》分别在2019年9月和2020年12月在《天津教育报》发表。

不负韶华，砥砺前行

高秋舫

流年似水，岁月如歌。时间在弹指之间掠过，转眼间，今年已经是我加入陈自鹏名师工作室研修的第三年。工作室于2018年授牌并于7月份正式挂牌成立，我有幸成为其中的一员，与工作室一起成长，一起经历，一起进步。回顾这三年来的学习和工作，在领衔人陈自鹏老师和室友们的帮助下，我怀揣着激情认真学习、刻苦钻研，收获满满的同时也感触颇多。

一、千里之行，始于足下——加入初体验

三年前，在得知自己有幸加入本工作室后，对未来的工作既充满了期待，也有些忐忑不安。在我看来，能进入名师工作室，是对自己在教研工作上的一种认可。在名师工作室这个充满温暖、活力的大家庭里，我发现无论是陈老师还是室友都是在英语教学方面颇有心得和建树的，他们踏实的工作作风、独到的心得体会都令我受益匪浅，也启发了我进一步开拓更多教研活动的思路。入室这三年，我一直按照工作室的具体要求严格开展教研工作，深入分析学科教材，仔细领会课程标准，在秉承现代教育价值和理念的前提下，不断创新教研的方式，最大程度地提升自己的业务能力。

回想工作室成立之初，我们的成员只有6个。人数不多，工作量却不少，但我们都各司其职，为我们共同的教育目标而努力。凭着"逢山开路、遇水架桥"的精神态度，我们一步一个脚印地学习着、工作着、探索着。都说教研员是"教师中的教师"，为了能担当起这份重任，日常工作中，我按照陈老师当初提出的要求，通过各种途径阅读经典教育类书籍，如《现代教育论》《英语教学法教程》《英语教学论》等等。这种学习方式既丰富了自身的教学思想，也为今后更好地开展教研工作打下了坚实的基础。

在向书本学习的同时，我还十分重视其他方式的研究和探索，如经常观看英语学科优秀教师的课程视频，及时做好相关笔记，并从中总结出优秀课堂的特点；积极开展课题研究等活动，集思广益，探索更多适合的教学思路和方法；外出或在本区域内听专家讲座，提升自身对教科研的专业认识，在讲座中不断积累经验，提升自身素质。

初入工作室之时，可谓是压力与动力并重。在面对一个全新的工作领域和未来的教研路上，我深知会遇到很多的压力和挑战，但值得庆幸的是，我有一群志同道合、与我一起并肩作战的教学伙伴，栉风沐雨，我们都会砥砺前行，迎难而上。千里教研路，始于名师工作室。

二、吾日三省吾身——入室再思考

古语有云："学而不思则罔，思而不学则殆。"身为教育工作者，学习和思考，都是贯穿我们一身的。

教之本在师，师之本在教。过去，我总是拘泥于传统的英语教学模式，过于追求学生英语学科成绩的提高，从而陷入了形式主义的窠臼，导致学生们的成绩分化严重，效果并不明显。

进入名师工作室以后，我时常向陈老师和室友请教学习，在研究活动中就自身问题进行讨论交流，不断找寻自己以前的教研活动和方案中不足的地方，翻阅有关小学英语教学方面的书籍，全方位、多角度地了解小学生的身心成长发展的普遍规律；我时常深入各小学课堂一线进行听课、议课，随时观察学生们在课堂上的表现，不时抽查他们的作业和平时检测的试卷，了解到他们最真实的学习情况，务求能制定出科学、适合的英语教研方案和有时效性的教研活动。

小学阶段的英语教学，不应是向他们单方面地灌输单词记忆、简单的句子语法等知识，而是着重于培养他们在英语学科方面的兴趣和听英语、讲英语方面的能力，让他们真正地想学英语，爱学英语。英语于我们而言，是一门外语。小学生大都年纪较小，学习的自主性和学习的接受能力都较弱，这更需要教师引导他们形成良好的学习语言的习惯，激发他们学习英语的兴趣。我身为教研员，就是要帮助教师找出他们课堂上存在的不足之处，提出适当的建议和措施，真正指导老师们上好每一堂课，开展好每一个活动。

自进入工作室后，我时常会反省自身，及时总结，力求更好。在开展完教研活动后，我都会问自己："这次活动是否还存在需要改进之处？"在参加完讲座后，我也会问自己："听完讲座后我从中收获到了什么，学习到了什么？"在参与期末命题时，我会思考此次试卷的题量、难度是否科学，是否符合新课标的标准等等。

三、三人行，必有我师焉——入室之成长

书山有路勤为径，学海无涯苦作舟。看到这句话，我脑海中立刻想起的人，就是我们的领衔人陈老师。于我而言，他就是一位人生导师，在成长的道路上始终给予我前行的信心与动力。自参加工作之日起，陈老师一直在身体力行地为教育事业努力和贡献自己的力量。作为恢复高考后的第一批考生，他19岁就考上了师范学校，毕业后通过自学，又成为天津市第一个自学考试英语本科毕业生，39岁那年还被评为天津市特级教师，49岁时取得了北京师范大学教育学博士学位。作为工作室教学年龄最长的人，无论是做人还是做学问，陈老师都是我们学习的榜样。尽管他的学识已经非常渊博，实践经验也相当丰富，但他在前行的道路上却从未止步。为了进一步提升自己的专业水平，陈老师不仅博览群书，而且经常撰写读

书笔记，他的博学多才和坚持不懈的学习精神，既让我们看到了名师的光芒，也给予了我们无尽的学习动力。"学无止境""活到老、学到老"大概是我在陈老师身上学到最为深刻的道理。古语云："三人行，必有我师焉。"平日，工作室内的导师和室友是我的良师益友，在教研方面给我提供了很多想法和建议。除此之外，我自己也带了三个青年教师为徒，她们分别是姚金华、赵俊芳和江晨晓。这三位徒弟，全都是天铁小学英语教学领域内表现十分出色的人才。在她们身上，我看到了一线教师对教学、教育事业的激情和热血。她们不拘一格的教学想法，前卫创新的教学方式，与时俱进的教学理念，总能让我眼前一亮。我们时常一起讨论交流，一起学习探究。我为她们自加入工作室后不断成长进步、取得佳绩而感到自豪和骄傲，同时，我也在三个徒弟身上收获良多。

四、积土而成山，积水而为海——入室之收获

宝剑锋从磨砺出，梅花香自苦寒来。加入工作室的这三年，我踏实工作，自觉维护名师工作室的良好形象。在陈老师及室友们的帮助和指导下，我务求高效、专心工作、刻苦研究，收获不少。这期间，我主持的市级课题《小学教师信息化素养培育与教学应用研究》已顺利结题，另一市级课题《指向学科核心素养的课堂教学案例研究》也正在研究之中。2019年9月16日，我撰写的论文《基于核心素养发展的英语课堂教学之我见》在《天津教育报》第4408期上公开发表。2020年12月14日，另一篇论文《依托教学反思，促进校本教研》也在同一刊物上发表。除了教学研究，我在教学管理及教学服务方面所做的工作也得到了学校及教师的认可。如我按照《天铁中小学智育考核细则》标准对各小学教学档案资料进行考核期间，学校一致认为比较公平、公正，且标准把握适当。在天铁教育中心组织的教师教学竞赛活动中，我对小学英语做课教师进行了现场的点评和指导，授课教师及评委老师非常赞同我的观点。为全面了解小学课业负担的实际状况，我和同事于每个学期初就此问题展开问卷调查，此举在一定程度上推动了"减负"工作的有效落实。在完成自己本工作室各项任务的同时，我还顺利协助其他名师工作室组织开展了专题讲座及教学观摩等活动。因工作出色，2020年8月，我被评为天津市首届市级学科骨干教师。

路漫漫其修远兮，吾将上下而求索。今年是我加入名师工作室的第三个年头，我知道，未来的我们与名师工作室还会有很多个三年，未来也将会有更多优秀的教育同人加入到我们这个大家庭。今后，我将一如既往地做好自己在名师工作室的本职工作，继续进行教学科研探究，坚持终身学习的理念，不断反思、总结自身，努力提升自己的业务能力和水平。也许未来还会面临更多挑战，但无论如何，我都将迎难而上，勇往直前，诠释我们新时代教育工作者的峥嵘风采，让自己的青春伴随着教育的发展熠熠生辉，为天铁乃至河东教育事业做出贡献。

高秋舫，女，高级教师，现任天津市河东区天铁教育中心小学英语教研员，系河东区陈自鹏名师工作室成员。1992年11月参加工作至今，一直从事小学英语教育教学及研究工作。任职期间，曾主持或参与过多个市级课题，经她培养的区域内小学英语教师在参加各级各类教学技能比赛中均获优异成绩。其撰写的部分论文先后在《天津教育》《天津教育报》上发表，2003年5月参与编写的《老师帮你记单词》一书已由中国文史出版社出版发行。2019年，在结合自己多年教育教学研究的基础之上，又为《英语高效教学论》一书提供了多节课例素材。因工作出色，曾多次获得本单位优秀教师称号。2017年被天津市河东区评为学科领航教师。2020年8月，被评为天津市首届市级学科骨干教师。

卓越之家,伴我成长

巨淑萍

时光飞逝,转眼间本人加入陈自鹏名师工作室已有三个年头。回顾在名师工作室的学习经历,这个大家庭不仅给我带来许多帮助与欢乐,也见证了我的成长,让我收获满满。工作室的各位老师追求卓越、积极上进、乐于创新、勇于开拓的精神给予我很大动力,让我更加坚定地朝着"学者型"教师的方向努力。

一、师傅引领,坚定信念

仍然记得三年前的一个课间接到学校办公室的电话,说经过学校的推选,我被推荐加入陈自鹏名师工作室。说实话,当时自己是有点迷茫的,因为我并不知道陈自鹏老师是谁,所以我只是像往常接受任务一样接受了这个工作,然后简单地给师傅回了个电话。当师傅的声音从电话里传来,我的第一感受便是平易近人,不敢想象,在未来的几年中,电话中的人对我的影响是极为深远的。当我和师傅第一次见面,师傅给我们讲了他个人的求学经历——恢复高考后的第一年师傅考上师范学校,当时他是19岁;毕业之后,师傅边工作边自学,29岁时他成为天津市第一个自学考试英语本科毕业生,并成为天津市自学成才典型;39岁时被评为天津市中学英语特级教师;49岁的时候获得了北京师范大学教育学博士学位;之后师傅在天铁地区从事教育工作,一干就是几十年,带领天铁学校的老师们取得了一个又一个骄人的成绩,由他培养出来的多个徒弟均被评为了河东区名师。除此之外,师傅还是天津师大聘用的教授、研究生导师。听着这些成绩,佩服之心油然而生,觉得师傅用"传奇"两字形容绝不为过,我能加入这个团队,简直太幸运了。在之后的不断接触中,师傅"不断学习、终身学习,不断钻研、终身钻研"的理念更是让我钦佩。他并没有满足于自己的成绩，相反每天他都在不断思考，不断探索，一本本教育论著正是他潜心钻研的成果。试问自己，我心目中理想的教师不就是像师傅这样的人吗？所以不知不觉中，职业生涯中"偶像"的身影变得渐渐清晰，那便是师傅。与师傅相比，我自觉汗颜，在过去的十几年中，我虽然也想成为"学者型"的教师，但不知不觉地就发现自己进入了看教材、写教案、进课堂、判作业等重复劳作的怪圈中；虽然有时也在学习，但内容大多局限于学校安排的制度性学习，还未把学习当作一种生活方式——一种长期的、持续性的活动。从师傅身上，让我反思"如果不是一个好的学习者，怎么可能成为一个好的教育者？"于是在师傅的影响下，我更加坚定自己的信念，弥补自己的不足，不做一个"教书匠"，而是努力做一个"学者型"的教师。所以在加入工作室的这三年里，我每天都要为自己留出一至两个小时的学习时间，因为我知道只有学习才是我教学的不竭动力和源泉。

二、理论积淀，提升素养

过去很长一段时间，我一直对"教育理论"存在着畏惧心理，觉得它极为抽象，晦涩难懂，所以我对教育理论的学习也总是抱着一种能躲就躲的态度，久而久之它也就成了我教学生涯中的一个短板。但在和师傅的一次次沟通和交流中，师傅对各种教育理论能信手拈来，侃侃而谈，而且还能和自己的"陈氏思想"结合起来，融会贯通的本领让我惊喜和佩服。我意识到真正的学者型教师一定是要先精通教育理论的，需用理论指导实践，如果只一味关注教学实践而无理论指导，往往如盲人摸象，使我们根基不稳，事倍功半，甚至在教学中产生厌倦情绪。

为此，在过去的三年里，我有意识地加强自己的理论学习。到目前为止，我已完成了好几本书的阅读，如鲁子问、黄济、王蔷、章兼中、刘道义、陈自鹏老师的书都相继阅读过。随着自己对教育理论书籍的不断研读，发现自己平时教学中采用的一些做法，正是属于某些教育理论的一部分，这也使我在之后写论文的时候能够更好地把自己的教学实践和理论结合起来。甚至还有一些我觉得自己经过很长时间才总结出来的"独特经验"，其实早在几十年前便有相关理论就已经总结出来了，如果我要早点读这些书，便可大大节省这几年的摸索时间了。

当然除了阅读一些教育理论的书籍，我还经常跟随工作室参加一些理论学习的培训和讲座，一起领略顾明远先生的大家风范，也一起聆听魏书生先生的教育思想。鉴于工作室成员地域的特殊性，我们经常利用微信和网络进行集体交流和学习，比如深入解读和探讨新课标，探索如何在英语课堂中培养学生的英语学科素养等。每次和工作室的老师们交流时，总能感受到工作室浓郁的研讨氛围，令我受益匪浅，不知不觉地它已成为我生活中特别期待的一件事。所有这些学习的经历，都帮助我开阔了教育教学的视野，增长了教育智慧，也为我以后的发展奠定了基础。

三、学以致用，实现自我

纸上得来终觉浅，绝知此事要躬行。我想无论是从书籍、讲座还是从工作室老师身上学到的东西，都是为了能够更好地指导自己的教育教学。师傅有句话已深入我心，那就是"于教师专业成长而言，学习是前提，实践是基础，研究则是保证"，所以我也努力把在名师工作室所学到的东西积极用于自己的教学实践当中。

1. 教改科研

三年来，我努力将自己学到的理论和经验用于我的课题和教学中，勇于探索、深入分析、积极讨论，想方设法地让孩子们喜欢学英语，乐于学英语。在英语文学阅读课上，我再也不是单调地讲单词、讲语法、翻译课文了。我一直梦想能像语文老师讲小说那样去给学生讲英语文学作品，能带领学生从不同角度去分析文章的人物角色，能让学生感受到文章想要表达的深层次的思想，能让学生体验到英语文学作品中语言的魅力，能让学生认识到中外文学作品的相通性和差异性，所有这些梦想，三年来我都逐渐地在自己的教学中实现了。此外，在我带领的《深度学习视域下高中生英语文学素养的培养策略与研究》的课题下，我们自己开发了英语校本课程，其中的影视赏析课、短剧学习与表演课每学期都是"秒杀课"。在现在手机和网络已变得势不可当的大环境中，我们尽可能地利用这些工具去调动学生学习英语的积极性。孩子们对英语语法不太感兴趣，总是老师讲完后没多久就忘得差不多了，那我们就鼓励学生以小组的方式去制作语法微课，孩子们在制作的过程中就会想办法去把语法规则弄明白，甚至他们为了让自己的微课变得生动有趣，经常还能把语法规则和生活中的例子结合起来，最后呈现出来的效果远远超出了我们的想象。每个假期，我们会让孩子们制作自己英文配音的抖音，向大家介绍他们假期的活动、旅游以及聚会等，一个个小作品真的令我们耳目一新。看着孩子们对英语越来越充满了热情和动力，我深刻体会到"不懂得创新的老师有时会限制一个学生学习的潜力"这句话的内涵。

2. 帮代工作

我虽是学校的骨干教师，但我深知"独木不成林"的道理。我不仅严格要求自己、大胆实践，在平常的教科研中，我也从不吝惜分享自己的点滴经验，充分发表意见和建议。作为学科组长和备课组长，我每周都会组织老师们集体备课，和大家分享自己最近所获得的一些教学理念以及对课堂教学的看法，并和老师们展开探讨，甚至我还组织学校的老师们定期开展一些跨年级的教研和听课，让老师们都能够在相互学习的过程中有所收获和进步。我所带的徒弟裴绍娜和王辰老师在教育教学中也成长很快，她们多次在市区级的比赛中获奖。我作为评委老师全程参与了天津市第四十五中学中青年教师创优杯做课比赛的初赛及复赛阶段的评选工作，为推进学校的教育教学与教科研工作做出了自己的贡献。

我相信只要我不断地将学到的教学理论、教学方法应用于实践，不断探索，不断改进，定能走出一条属于我自己的育人之路，从而在教学生涯中实现自己的价值。

四、不断成长，喜有收获

三年来，在工作室老师的鼓励与帮助下，我不断成长，也取得了许多进步与成绩——我所带领的天津市第四十五中学英语学科被评为河东区特色学科基地，本人多次代表学校做市区级观摩课和讲座；我所参加的"十三五"教育科研规划课题已顺利结题，我自己所带领的课题《深度学习视域下高中生英语文学素养的培养策略与研究》也在如期进行中，本人所撰写的多篇论文获奖或发表；本人连续三年被评为河东区教育系统优秀教师，所带班级也在多项活动中获奖。

所有这些成绩都离不开师傅和工作室姐姐们对我的鼓励、指导与帮助。名师工作室不仅为我们提供了提高自身素质的空间，也成为我们互相学习，互相促进的大家园。在这个大家庭里，我们找到了自己前进的方向，体会到了互助共进的热情，更领略了名师的风采。在今后的教育教学工作中，我将更加严格要求自己，努力工作，发扬优点，弥补不足，开拓进取，向着"学者型"教师不懈努力。

巨淑萍，女，高级教师，2003年毕业于天津师范大学英语教育专业，本科学历。现任天津市第四十五中学英语学科组长，并被聘为河东区英语学科专业指导组成员和天津市第四十五中学学术评审委员会成员，多次代表学校做市区级观摩课和讲座，2020年4月疫情期间参加了由天津市教委组织的天津市春季精品课程的录制。作为骨干成员，参加了"十二五"和"十三五"市级课题的研究，都已顺利结题，所撰写的多篇论文获奖，其中《高中英语阅读教学中培养学生思维品质的课例研究》和《中学英语课堂教学有效性策略研究》相继在《天津教育报》发表。连续三年在学校的年度考核中被评选为"优秀"；连续三年被评为河东区教育系统优秀教师；被评为河东区优秀班主任和区级学科带头人；所带的班级被评为市级三好班集体。

道路引航　成长相助

于慧

2018年4月陈自鹏名师工作室成立。该工作室聘请天津市河东区天铁教育中心党委书记、主任陈自鹏担任领衔人。著名教育家魏书生和资深英语专家刘道义分别为工作室题词。"立德立功立言",正是魏书生先生对陈老师恰如其分的评价。成员有我、巨淑萍、杨文清、高秋舫、成凤先五位老师。在接下来的三年中,导师引领我们规划发展方向,明确努力目标。工作室所有工作都围绕英语教育教学和研究展开,并通过团队建设,搭建研究平台,为我们专业成长提供有效帮助和指导,以引领我们走向优秀,走向卓越。

我有幸加入工作室,这是继2004年幸被选为河东区第一批最年轻的赴海外学习的教师、2006年参加天津市双优课获得高中组一等奖、2011年以优异的表现完成教育硕士论文答辩以来,我职业生涯又一个非常重要的转折点,它促我自觉向优秀教师靠拢,对我的引领和启发作用是我意料不到的。

在工作室三年,我有三个变化。

第一,我更爱阅读书籍了。

教师做久了,面对教学中的困难,不由越来越冲动,越来越急躁,对学生的个性差异也越来越缺乏冷静的思考和分析,总想搬出以前的经验来用,结果发现行不通。比如,为什么我那么认真地讲,而总有个别学生听课掉队?还有,为什么讲了那么多遍的语言信息,还有学生总是做不对?我甚至开始怀疑自己,我自问还能继续做一名出色的教师吗?我对得起给我的那些荣誉吗?就在我不安、焦虑时,一本本书接踵而来,《英语教育在中国的历史和现状》《中国中学英语教育百科全书》,还有导师的《中国中小学英语课程教材教法百年变革研究》《英语高效教学论》《学校教育

100课》等书。原来，我的困惑早在书中写满答案，我相见恨晚。比如导师在《学校教育100课》中归纳到，教师课堂教学应该树立"十个"正确的教学思想，它们是教学规律的具体体现，它们决定你的教学行为和教学实践是否有效。这"十个"教学思想是——公平，全面，差异，发展，创新，开放，民主，辩证，系统和实践。比如在"发展"的思想上，导师做了精练的归纳，即教学要遵循学生身心发展的规律，要以动态和发展的眼光来看待学生，要树立信心，通过教学促进学生不断取得进步。阅读几本书过来，我不再焦躁不安，相反，开始沉下心来，记录学生学习进度，标记学生错点，列出学生难点，分出错误类型，统计出错误人数比例，按照问题，由主及次，逐一解决。学生能看到我的执着，也能学会我的这份静心，他们的信心和基础一点点建立。

其实，我看的这些书远远比不上导师。每年7万字读书笔记、每年阅读60本书已经成为他的常态。难怪仅仅六年他就在《天津教育》《天津教育报》公开发表100篇文章。读过这些文章，我们发现题材非常广泛，涉及教学研究，教改观察，教学探讨，教研思索，学校管理，师道养成，学生成才，学校发展等诸多方面。

第二，我更爱教学实践了。

有了书读，我更加喜欢思考，更加珍惜教学实践。在实践中检验书中那些理论，从而继续指导我的教学实践。作为教师，我们几乎每天都要运用具体的教学方法。课堂的讲授法，课下的谈话法，备课时的讨论法，设计课程的实验法，每日的巩固练习法，抛出适当思考问题的探究法。每种方法都有优劣，孰轻孰重取决于对于问题和解决效果的分析。这些方法在导师的书里都有介绍。这些书成了我取之不尽用之不竭的资源。接受区教研员要求，我总结了高三这一年的教学经验，在新学期第一次高三英语教研交流中做了区级讲座。在天津七中"关注学生全面发展课堂教学探索开放日"中设计"第二册第一模块健康饮食这篇文章的阅读思路"，采用"逆向思维法"带领学生思考谈论饮食带给我们的健康观乃至生活观、人生观的积极作用。

都说教师是园丁，我有些困惑，园丁有很多，我做哪一种呢？我想做袁隆平那样了不起的园丁。2018 年，88 岁的他，继续带领海水稻研发团队奔赴迪拜，在热带沙漠进行水稻实验，亩产超过 500 公斤。2019 年，89 岁高龄的袁隆平继续在我国盐碱地与智慧农业结合，开始新的研究。我仰望这样的科学家和园丁。同样，观察导师 40 年工作历程，他自己一路坚持求学，实践，读到博士，仅 39 岁，就做了天津市特级教师，加入河北省作协，被聘为教授、硕士指导导师，荣任天津市人民政府第五、第六、第七届督学，当选全国钢铁工业劳动模范。2017 年，人民教育出版社专门为导师的新书《教师幸福追求之道》召开教育思想研讨会，对他的教育观点给予高度评价。我要向师傅学习，做一个他那样的优秀的人民教师。

第三，我更主动开展教学研究了。

记得进工作室的第一次学习座谈上，导师第一句话就是——你们都是各个单位优秀的骨干力量。这让我脸一下子红到脖子根。第二句话就是——你们不但要教好课，还要做研究。他紧接着说，"教育研究有魔力，它让你朝思暮想，它他让你超越鲁莽，它让你动力强劲。"我起初是不信的，我暗想，我连教书都忙不过来，还去研究，哪有时间和精力？

没多久又看到一个国外生活片段，一群高中少年篮球比赛输了，就开始不停地抱怨他们的"猪"队友。当时，他们身边的那位老师站出来立即说道，"Hi, Language! You didn't lose until you start to blame others."（孩子，注意你的话。你在去埋怨别人之前，你一直没有输掉这场比赛呀。）我不是也把这个故事讲给我的学生们了吗？但是我自己呢？我甩开抱怨，问问同事们的情况，看看自己的苦闷，又翻翻案头的书籍。作为一门外语，受课程安排和条件所限，英语高效教学是存在困难的，所以我们需要培训、思考、研究。就第二语言来说，二语习得有其固有的习得规律。学生学习上的困难要具体分析。其中有母语的干扰，有文化的差异的影响。我们要正视实践中的问题，在问题解决中促进我们自己的成长。

第四，工作小有收获。

2020年，我在宁河区"种子教师工程"跟岗实践担任指导教师，做《高中英语课堂教学中如何体现耘慧教学模式》专题讲座。2019年获天津大学定点扶贫县宕昌县英语学科指导教师。同年被评为校级优秀教师。2018年被聘为天津师范大学教育硕士实践导师。河东区高中英语学科兼职教研员。"走进名校　聚焦课堂"活动中做特色观摩课。连续三年获得"一师一优课　一课一名师"河东优课、市级优课。成绩微不足道，但是它激励我奋勇向前。

借用导师陈自鹏的话鞭策我，"时间就是我们当下的呼吸，每一刻都应该全心全意"。教育滋润学生，更让热爱这份工作的我对工作充满敬意和自豪。工作室带给我的帮助深刻而深远。

于慧，女，天津市第七中学高级教师，天津师范大学教育硕士实践导师，河东区高中英语学科兼职教研员，宁河区"种子教师工程"跟岗实践指导教师，天津市河东区首批赴澳大利亚进修教师。多次参与区中小学接待外国交流团的翻译交流工作，曾获得天津市双优课高中英语学科一等奖，全国中学英语课堂教学最佳教学设计奖，获首届天津市中小学外语教师教学能手，第三届天津市中小学外语教师教学能手，第九届全国高中英语课堂教学优秀课例展示优秀指导教师等荣誉。2018年入陈自鹏名师工作室研修，连续几年在天津七中考核中获得"优秀"评价。曾做《高中英语课堂教学中如何体现耘慧教学模式》《高三英语复习经验交流及教学建议》等校区级讲座。"一师一优课　一课一名师"活动中获得天津市"优课"。参与"十三五"教育科研规划课题《新课程背景下翻转课堂在高中英语教学中的实践研究》研究并已结题。

滴水见成长

杭州萧山区益农镇初级中学　赵慧琴

遇见，原本就是一种神奇的安排，生命中的每一次遇见，都会开启一段美好的旅程。

2020年11月7日，我遇见了陈自鹏特级教师工作室，有幸成为其中的一员。这也是我第一次遇见陈老师，他从遥远的天津"飞"来，抵达我们东片教育指导中心。初见陈老师，他乐观豁达，真诚朴实，是一个极具智慧型的英语专家及管理能家。听了他介绍后，更是让我真正领略了一位特级教师、正高级教师、教育学博士、知名校长的人格魅力、教育情怀与时代精神。我无比钦佩，暗暗庆幸自己拥有的这份厚爱，带着欣喜的心情加入了工作室。

特级教师工作室的成立让我感到"风好正是扬帆时"，因为在这里有上级领导的关注与关怀，有导师的引领和打造，有积极向上的团结协作。我相信在来自各方面的合力中，站在巨人的肩膀上，不断实践、研讨、创新，我们定能采用更科学有效的方法，迈出更踏实沉稳的步伐。一路走来，我且行且思，且教且研，在"引、压、研、考"的学习道路上我享受着成长的快乐！

一、引：榜样引领明方向

有人说，人生重要的不是所站的位置，而是所朝的方向。我，一名虽积极努力却普普通通的农村初中英语老师。陈自鹏老师，一位兢兢业业、勤勤恳恳却闪耀着智慧光芒的特级教师。他的学识丰厚却谦逊低调，睿智优雅却朴实无华就是我学习的方向。感谢这次遇见，原本是两个世界的人，因为工作室的成立，让我有了如此资深的专家导师，我备感珍惜。

他亲切随和、真诚友善。记得第一次给陈老师订机票，新冠疫情防控背景下，从天津飞往杭州的航班少得无法选择，只能深夜到杭，凌晨回津。订票前，我非常犹豫怎么跟陈老师开口这样的预订，因为晚出早归太辛苦，但整个交流过程中，陈老师的回答都只有爽快的"好！""哪时都行！""哪儿都成"等的回复。于是，我被陈老师的"包容大气"深深打动。

他循循善诱，精致高效。每次与陈老师对接工作，他总那么耐心细致；每次学员写的规划、文章以及课题，他总是第一时间一一阅读并修改。甚至他会牺牲睡眠时间在深夜发给我修改建议，这份厚爱让人备感温暖。

他学识渊博，见解独到。他的修改建议，总让人拍案叫绝；他的专业素养，总令人钦佩敬仰。从陈老师身上，我们能看到什么是"人格魅力"，什么是"孜孜以求"。在学科上、做人做事方面，陈老师从来不和我说大道理，而是用自己的亲身经历启发引导我，让我逐渐明晰了要成为优秀教师应具备的各种涵养。

他是一个真正幸福的人。他多才多艺，不仅是英语教育教学方面的专家，更是生活中才华横溢的高人。他会生活、懂生活，他自信、阳光、快乐、坦然，引领着我和团队成员幸福前行。

我庆幸有这么一场遇见，跟随陈老师，牵手一种梦想，去寻找美好教育。

二、压：明确任务压担子

工作室通过搭建更多元、更丰富、更高端的平台，助推学员交流、学习、探索、创新、提升，所有成员在成长的道路上不断进步。

一是下重任增压。

工作室要求年学员定期完成具体任务。譬如：要求我们做到"六个一"，每学期至少学习一本教育教学理论书籍，每学期至少撰写一篇读书笔记，每学期至少上一节优质课或开一次讲座，每学期至少研究一个课题,每学期至少撰写一篇专题论文,每学期至少参与一次竞赛等。工作越多,任务越重,我们不敢怠慢,有压力,很充实,也很享受。

二是给信任添压。

工作室自授牌成立以来,拟定了工作室发展规划、工作室成员考核办法,所有成员都制订了个人发展规划,明确自己的发展方向和目标。工作室以特级教师、区教研员老师为专家指导的名师团队,引领学员快速成长。每次活动,陈老师给学员做精彩讲座并走进学员课堂,为学员问诊把脉,开方下药。印象最深的是一次同课异构活动,忘不了陈老师的精彩点评,他说评价一堂好课,就应该在微观上提问自己七个问题:"面向全体了吗?""师生互动了吗?""因材施教了吗?""精讲多练了吗?""媒体运用了吗?""目标达成了吗?""教学反思了吗?"我深受启发。工作室也多方联系开展了异地交流活动,充分信任、大胆让我们学员承担更多教学教研任务,在实践中迅速提升自身水平。

前面的道路还很漫长,肩上的担子也很沉重,但是压力总会转化成动力,让我们一路奋进,踏歌而行。

三、研:研课研题提素养

陈老师说:"工作中、学习中、研修中大家也要认真总结自己的成长经验和感悟,这本身就是成长。教师专业成长三个字:学,做,研。很多老师学也学了,做也做了,就是缺了一道工序:研。研究不研究、研究的好坏是一个普通教师和名师的分水岭。"

在有关"十四五"国家级课题申报中,因为平台高,难度大,学员们压力重重,但最终都认真完成了有关学校文化建设方面的课题方案的撰写。完成初稿后,我便又不放心地交给陈老师修改,陈老师又是给我高屋建瓴又不失细节指导,他侃侃而谈,娓娓道来,实在是干货满满。

是啊,教学工作再忙,我们也一定要寻找时间静下心来学习、研究、反思。要清醒审视自己,找出不足,虚心学习,不断丰盈提升自我。工作室一直注重加强学员的理论学习，先后为学员购买了华东师范大学出版社出版的鲁子问著的《英语教学论》第2版，中国书籍出版社出版的陈自鹏著的《中国中小学英语课程教材教法百年变革研究》，浙江教育出版社出版的陈瑶著的《课堂·课程：初中英语核心素养培养的实践》等书籍。通过阅读学习，净化自己的心灵，不断使自己成为一个道德高尚、学识渊博的人。

教不研则浅，研不教则枯。在陈老师的带领下，成为研究性的教师，边学、边思、边用，力求以学促用，学有所获，学有所成。

四、考：过程考核伴成长

工作室采用"动态管理、量化考核"的学员管理与考核办法。自成立以来，工作室成学员紧密结合自己的个人发展规划、各自学校的实际展开研究，以自己的管理实践为主线，边学习边研究。我们的工作室是一个团结合作、乐于学习、积极奋进的团队。各位成员们虽然工作繁忙，但是工作室的每一次活动大家都积极按时参加。我们喜欢在一起活动，工作室就是我们的第二个家，家长就是陈老师！在这样一个团队中能时时感受到热切的学习氛围，因为值得学习的对象就在身边。工作室成员各有特色，出众优秀，每一次活动、每一次探讨，总能感受到兄弟姐妹们闪耀智慧的思维火花。分享学习成果，享受团队乐趣，让我视野开阔，思想升华，对未来充满无限憧憬。最美好的生活方式，莫过于和一群志同道合的人奔跑在欣赏风景的路上！回头，有一路的故事；低头，有坚定的脚步；抬头，有清晰的远方。感谢陈老师，感谢这个团队，让我们在奋进的过程中，欣赏一路的美景。

时间是最美的图腾。进入教育系统一晃已经21年了。回顾过往的青春，绚丽的梦想在心中绽放，青春的故事划过心田，成长留下了深刻的印记。工作以来，虽然没有太多的成绩，但也能感觉到自己在一点点进步。加入工作室时间虽短，但感悟颇深，不是点滴笔墨所能详尽的，这个路途虽荆棘满布，但能发现水源。

成长路上，感恩相伴。点滴进取，沉淀梦想。以此激励自己一如既往地走下去。

赵慧琴，女，1977年12月出生，浙江杭州人，中学高级教师，杭州市萧山区益农镇初级中学英语教师，现任学校教学副校长。先后荣获杭州市优秀教师、萧山区教坛新秀、萧山区优秀教师、萧山区园丁奖等荣誉称号；多个课题在区级立项；多篇论文获省区级一、二、三等奖或发表。

跟着陈老师读研的日子

张赛玉

看手机日历恍然发觉，我研究生毕业竟已快6年啦！

不禁感叹时间过得真快，回想六年前的读研时光，仿佛就在昨天。当年准备考研时的忐忑以及备考时的艰辛还历历在目，那些边工作边上课还要忙着作业和论文的日子仿佛就在昨天。一千多个日日夜夜的辛苦付出，当拿到那张毕业证时，我问自己值不值得，答案居然没有一丝犹豫——当然值得。这种值得，不仅仅是拿到了一张研究生毕业证书。三年的研究生生活，丰富了我的知识，开阔了我的视野，增长了我的能力。尤其是跟着陈老师做毕业论文的日子，更是我人生中的一笔宝贵财富。

不登高山，体验不到山的雄伟；不观大海，感受不到海的广阔；不读研，体会不到做学问的快乐。

我本科学的是师范，毕业后当了老师，在工作中，越来越发现自己知识储备的不足，于是决定考研。经过半年时间的备考，我顺利考取了天津师范大学教育科学学院教育管理专业的在职研究生。因为研究生专业与本科生专业不同，很多知识都是第一次接触，学起来难度很大。尤其是教育测量与评价、教育统计学这两门课，要用到SPSS软件，学起来特别费劲，为了完成老师布置的作业常常忙到深夜。

最困难的是撰写研究生毕业论文。这比本科毕业论文难了不止一个级别。我非常庆幸选择了陈自鹏老师当我的论文导师。因为陈老师实在是一位非常负责任的导师。当时陈老师人在天津铁厂，离市区五个多小时的车程，当我还在想今后是不是只能通过邮件和电话跟导师联系时，陈老师来到了天津市里。第一次见面，陈老师就送了我几本他的著作，并像长辈一样过问我的工作和生活情况，这令我非常感动。

跟着陈老师做论文，我受益颇多。有两件事到现在都记忆犹新。

第一件事是关于论文题目的选定。当时论文的研究方向我一直没确定下来，对于论文题目，我总是在变，觉得这个也行，那个好像也行。陈老师看出了我的犹豫不决，对我说：论文题目的选定，需要考虑现有的研究资料、研究的价值以及研究的现实基础，当确定好了后，就要行动起来，如果总在题目这来回变，那么这个论文就写不起来了。听了陈老师的话，我豁然开朗，很快确定了论文题目。陈老师的这句话，也使我在今后的工作中受益，让我认识到，当确定了一个目标后，只要目标是可行的，就不要犹豫，要马上行动起来。这也改变了我的"拖延症"。

第二件事是关于论文的修改。我的论文题目是《小学高年级学生语数外校外课业负担现状的调查研究》，是一篇立足于调查问卷数据的研究。当论文交给陈老师之后，他反复和我修改文中的语句，到了非常严谨的地步。这点让我非常敬佩，也让我看到了学术研究需要的严谨态度。在我之后的工作中，我都努力让自己把一件事做到我能做到的极限，而不是差不多就行。

毕业六年之后再来回望我的研究生生活，那些当时上过的课，课上学过的知识，已忘得差不多了，但是和陈老师一起写毕业论文，从陈老师身上学到的知识和那种对待学术的严谨的态度，却一直跟随着我，影响着我的工作和生活。这是我研究生生活中收获的最大一笔财富。

张赛玉，女，1982年10月出生于湖南省娄底市。2005年毕业于鞍山师范学院政治系。毕业后先后任教于天津市第四十八中学、天津市大港油田实验中学，2011年工作变动到天津市昆明路小学，后调入天津市第二南开学校。2011年3月考取天津师范大学教育科学学院教育管理专业研究生。长期担任班主任工作和一线教学工作，所带班级荣获区级、校级班集体荣誉称号，她是学校学科带头人、骨干教师，被评为学校优秀党员。所撰写的论文多次在市、区级获奖，所指导的学生也多次在市、区级获奖。

我的导师——陈自鹏先生

尚雪玲

我与陈自鹏导师的结缘始于他的一本书《教师幸福追求之道》。

故事从2017年10月开始，那是新入学的研究生选导师的日子。学校没有像往年一样给我们开一个双选会，只是在班级群里发了一份导师名单，让我们自己选导师。名单里除了校内的几位导师外，还有两位校外的、我们不熟悉的导师。当时同学们纷纷议论说，不能选校外的导师，理由是他们工作忙，根本没有时间管学生，一年也见不了几次面等等。我心里想，这正好给我自学的时间和空间，并不算什么问题。但因为不熟悉，我心里没有底。于是，在网上输入陈老师的名字，想找找关于他的一些资料，了解一下。结果，《教师幸福追求之道》出现在网页头条。那时，中国教育学会和人民教育出版社正在举办这本新书的首发仪式。书名很让人不解，因为做了20多年中学英语教师的我，满腹除了委屈和怨言，哪有什么幸福可言呀！带着不解，我读了书的前言和简介，突然感到一种不同的人生境界呈现在我的眼前。同样担任过中学英语教师一职，为何陈老师会活得这么精彩、这么与众不同呢？出于敬仰与好奇，我毫不犹豫地在表格中填写了陈老师的名字，心里暗暗下决心，一定要拜陈老师为师。

接下来，我按学校的要求，给陈老师发了一条短信，希望能尽快取得联系。可两天过去了，没有回音。我心里嘀咕着："完了，莫非是老师嫌弃我原始学历低，抑或是年龄太大……？"，心着实有点忐忑不安起来。第三天上午，老师给我打电话，要求我发一份简历给他。"唉，真是怕什么，什么就来，我肯定要被老师拒绝了。"我小心翼翼地编好简历，但不敢发。这时，同学安慰我说："没关系，就是陈老师拒绝你，学校还是会给你分一位导师的。"罢了，一咬牙，深吸口气，我就点击鼠标，望着邮件抖抖地、颤颤地飞了过去，正如我此刻的心。结果不到五分钟，陈老师的电话就打过来了，先亲切地叫了我的名字（很好听的天津口音，我暗笑），接着就说："佩服，佩服，辞职读研，勇气可嘉啊！"

"老师，我第一学历很低，本科又是自学的……"我弱弱地说了一声。

"哈哈，你知道老师的第一学历是什么吗？中师。老师的名字叫自鹏，所以注定这辈子是靠自学成才了……"

"哦，哦，佩……服……"我结结巴巴地回应。

"老师，我……我的年龄有点偏大……"我又极其难为情地补充了一句。

"哈哈，老师38岁开始读天津师范大学研究生，45岁考上北京师范大学的博士，入道没有早晚嘛！"

刹那间，我心中的担忧荡然无存，还涌起一股被认可、被鼓励的感动。

接着，和老师约好面谈。从网上图片目睹老师，个头高高的，微微发福，虽嘴角稍露笑意，但有种不怒自威的感觉，这种微妙的感觉里还透露着些许学者的儒雅和管理者的睿智，貌似不太容易接近，我心惴惴不安。初次见面，老师带着副眼镜，透过厚厚的白色镜片，我感受到老师眼睛里传递出的开心、慈祥而又威严的信号。刚寒暄了几句，老师就问："想做我的学生，有一个要求，就是做学问不能抄袭不能造假。能做到吗？"我忙不迭地点点头。或许是看出我的胆怯，他马上话锋一转，谈起他小时候以及求学时的一些趣事，带着好听的天津快板儿的口音，幽默风趣之处，令我开怀大笑。但一谈到学术，老师引经据典，其博闻强记，又令我汗颜。在老师面前，我窘得就像一个不谙世事的小学生，只能暗下决心，刻苦学习了。老师还给我推荐了几本管理方面的好书，嘱咐我到学校认真地读，做好读书笔记，还提醒我注意身体，心里着实很温暖。

  两年的时光里，我从老师的书籍及讲座里，更深层次地去感受他在管理方面的睿智和人格魅力。比如，管理理论方面，他能将教育家魏书生的管理理论"管理就是让被管理者人人无法逃避责任"上升到更高的三重境界"管理就是让被管理者人人必须尽责；管理就是让被管理者人人主动尽责；管理就是让被管理者人人快乐尽责。"不仅对管理的定义做出最接地气的阐述，同时洋溢着教育家应有的理想情怀。再比如，在管理实践中，他摸索并创造的"五三四管理模式"，将"三重管理境界"完美落地。此外，老师在教学和管理的同时，特别重视科研，大力倡导并带领教师一起"学、做、研"，截至目前著作达20多部，涉及教学、管理、生活的各个方面，比如《中国中小学英语课程教材教法百年变革研究》《英语高效教学论》《教师幸福追求之道》《学校教育100课》《中国中小学英语教材史》等，每本书都具有很高的理论指导意义和实践参考价值。更值得一提的是，老师将大部分稿费用来资助孤儿，尤其是在自己家境并不富足的情况下，这样的善举着实令人感动。

  两年的时光里，除了读老师的书籍和参加老师的讲座外，和老师的接触大多是通过微信和邮件。从论文开题、文献综述、初稿，到最后定稿，和老师的邮件往来达20次之多。老师的治学严谨之风让我不敢有丝毫懈怠。标点符号、错别字、脚注不规范、语言不规范之处，老师全部标红，但遇到观点问题，老师说得最多的话就是"你觉得这样阐述怎么样？""你认为这样改合适吗？"其谦虚的态度让我感动不已，从没社会上所传闻的导师刁难、指责等等，心里暗自庆幸自己好幸运。后来，在遭遇论文预审问题后，老师一边安慰我，一边不厌其烦地给我看论文，然后和我商量怎么改。直到深夜10点多了，老师还在通过微信给我改论文，我刚说声

"谢谢老师",老师秒回"导师是你的亲人,不用客气。别的老师是你的朋友,一定要学会和他们沟通……"此刻,我已泪流满面。老师不仅为我的论文操碎了心,而且还在教我为人处事之道啊。只要看到我的短信,老师几乎都是秒回,帮我联系实习学校,帮我找做问卷调查的学校。甚至,当老师得知我的同学没地方做问卷调查时,他二话不说,马上联系学校,为我的同学排忧解难。两年了,老师给我的感觉是"只要你需要帮助,我一直都在……"

如今虽已毕业快两年了,但是我和老师的情谊一直如旧。无论是每天读老师的朋友圈,还是老师到杭州讲学一同小聚,我都被一种积极、乐观、向善的正能量潜移默化地感染、指引、关爱和温暖着。老师曾谦虚地说:"我并没有教给你多少知识。""但您是我的灵魂摆渡人啊",我毫不犹豫地说。

这就是我的导师,一位博学、睿智、严谨、热心又不失幽默风趣的人。或许他只是众多优秀导师中的一位,但对我来说,他是我一生最值得敬仰的人,和他结缘是我人生征程中最美丽的邂逅!

尚雪玲,女,2019年天津师范大学教育管理专业硕士毕业生,目前任职于杭州一家知名教育机构。

幸运与成长

刘宜

2018年金秋,我拿着天津师范大学的录取通知书,心里无数遍默念着校长的开学寄语——"事业属意永远,励志当以人民人类为念;奋斗贵在当下,远航须从此时此地扬帆"。这字字句句都触及我心,点醒我肩上职责,点燃我心中梦想。而当我走进师大校园,再次看到"勤奋严谨,自树树人"的校训时,我十分庆幸能有这个机会重回校园,做回学生。这段求学之路,对于当时既是一名中学英语教师,又是一名在读研究生的我注定意义非凡。而此时,当我走过这段旅程,再回头看时,这段求学经历带给我的成长远已超乎预期。彼时,只是不甘现状、不愿虚度的念头让我决心考研,继续读书,而对于教育发展、如何践行教育改革以及自身未来如何发展定位都只是模模糊糊的虚影,不曾细想和深究。而求学师大,一路所遇所见所闻所学让这些问题逐渐明了和清晰起来。两年的研究生学习,我更愿意称它为研修之旅,一路研讨,一路修炼。而谨以此文来记录这一路的幸运与成长。

研遇良师。最幸运的事莫过于在研究生期间拜师陈自鹏老师,成为陈老师的学生。他启迪我的不仅仅是知识,更重要的是对于教育的态度,对于教学的方法以及对于教育科研的好奇心。初识陈老师时,只知陈老师是一位人人敬重的传奇教育家。做教师,从一线普通教师做到特级教师;做学生,从儿时顽童做到北师大教育博士;做管理,从班主任做到教委主任;做研究,从"豆腐块"文章做到著作等身。而师从陈老师后,更知这传奇经历的背后,陈老师那令人敬佩的求知、求索、提携之心。一敬陈老师攀登求知之心。我曾在研读陈老师所撰写的《中国中小学英语课程教材教法百年变革研究》一书时,被陈老师的一句话所深深震撼和触动。陈老师这样写道:"从师范学校毕业到现在的几十余年里,我几乎没有休过一个节假日,所有的闲暇都用来读书、研究、写作了。"对比之下,当时的我是羞愧的,自己着实愧对了无数大好时光。转而我也是庆幸的,庆幸遇到陈老师,用他的故事点醒了我,把时光花费在更有意义的事情上。而陈老师在研究过程中记下了 30 万字的读书笔记的经历,让我正视研究的真谛莫过于尊重事实,脚踏实地。这让我无形中追随着陈老师的脚步,踏踏实实做研究,认认真真写文章。二敬陈老师研究求索之心。陈老师扎根教育,几十年坚持教、学、做、研,从实践中总结方法,造福了一众学子,更传递给我无数教学方法和灵感。在《高考英语作文六步法及训练》一书中,陈老师介绍的"一审、二理、三译、四连、五查、六定"的六步英作文法，让我深受启发。我通过我的课堂传递给了我的学生，看着学生英语写作表达能力快速提高，让我从心底更敬佩陈老师方法之独到和高效。三敬陈老师点拨后生之心。在研究生论文撰写期间，从论文最初选题，到每一稿的调整修改，陈老师都给予了我全方位多角度的指导和帮助。大到论文的方向和定位，小到每一个辞藻的推敲和选择，细到问卷分析的逻辑和顺序。将近五万五千字的论文，陈老师每一稿都仔细阅读，细细斟酌，慢慢点拨。而我也在这过程中，真正体会到"勤奋严谨"的道理。除了知识和研究，陈老师也用自己的故事和经历在精神上影响着我，启迪着我。每每无力倦怠的时候，我都会翻一翻《教师幸福追求之道》这本书，总能受到鼓舞，汲取到力量。我想我是幸运的，时时能够得到陈老师有声或无声的点拨，内心充满感激。

研之有道。做教育教学研究，有其一定的教育研究方法和基本道则。在此之前，我只知其一，不知其二，不深知何为教育研究，更不知如何进行教育研究。还记得第一次见陈老师时，他曾叮嘱我："学好每一门课，打好基础。"现在我仍对这句话记忆犹新，也时常学着老师的样子用同样的话叮嘱我的学生们。确实，在之后的毕业论文撰写，以及在之后的每一次教育论文撰写时，我都深深感受到教育研究方法的运用和重要性。庆幸我在研究生学习中补上了这一课，这让我以后的教育研究都进行得更有底气，更科学。还记得研究生的第一门课是课程与教学论，那时老师留的作业是写一篇文献综述。我开始学着查文献，读文献，做分类，做总结。这为我今后顺利地完成毕业论文中的文献综述奠定了良好的基础。而另一门教育研究方法课程，更细致讲述了如何用科学的方法进行教育研究，我也懂得了教育研究的一般过程与设计，明白了教育调查研究的步骤和要求。之后在第二学期的教育测量与评价、教育统计学与SPSS应用课中，在老师手把手的教导下，我学会了用SPSS统计软件分析问卷数据。而这些都在毕业论文撰写过程中，反复应用。这些教育研究方法，也让我在一线教学中保持了良好的教育研究敏锐度，让我在遇到教育问题时，透过现象看到本质，更让我通过教育科学研究，找到规律，得出结论。从不知何物，无从下手，到如今积极参与到一线教育课题研究中，是研究生期间所学让我完成转变。

  研之有悟。在毕业论文选题时，陈老师给了我很多启发，他用苏格拉底产婆术式引导方法，让我将头脑中零零散散的这几年在一线教学的所感汇聚到一个核心问题上——中小学衔接，我也因此选定了中小学衔接现状调查及策略研究这一课题作为我的最终研究选题。最初，是刚刚升入初中的初一新生对于基础知识的掌握不理想而引发了我的思考。随着研究的深入和陈老师的时时点拨，我意识到不只是学生学习衔接需要关注，还有教师教学衔接和家长协助衔接值得探究。因此我从这三大角度入手，中学教师、小学教师、七年级学生及学生家长四大主体出发，较为全面、详尽地调查了中小学衔接的现状情况。同时，我也在陈老师的指导帮助下用李克特五分量表的形式自行编制了面向四大主体的调查问卷，一定程度上为此类调查工具做出了补充和完善。在分析完调查数据之后，在撰写研究结论和提升策略时，我也在时刻反思自己的教学行为，再面对初一新生时，我发现我观察得更全面，更能理解学生的一举一动，相应地我更易因时因人制宜去帮助学生顺利渡过中小学衔接。更巧合的是，在研究生毕业之后，因为个人选择，我去到小学任教。在面对小学生时，我清楚地知道自己肩上的责任和该阶段的使命。于我而言，也是完成了一次自己教学上的中小学衔接实践。教育研究，研中有悟，研后有悟，而我也会一直走在教育研究的路上，就如陈老师在《学校教育100课》中所写："教育研究有魔力，偶遇教育研究，实乃一生幸运。"

  两年的研究生学习短暂而充实，回首驻望，一路幸运，一路成长。研遇良师，陈老师在学问中勤勉攀登，在教学做研中孜孜追求，都深深影响着我，让我不禁想成为像他一样有建树的优秀教师。而我也在跟随陈老师的脚步中无意识地将这些力量和态度留在了我的课堂上，传递给了更多的学生。研之有道，掌握了教育研究方法也就握有了透过现象看本质的机会，握有了探求结论的门道。有幸得道，受益终生。研之有悟，因悟而研，而又因研而悟，循环往复，便是教育研究的魔力。教育研究路漫漫其修远兮，吾将上下而求索。从师大扬帆起航，愿自己一直行在路上，葆有初心，坚定不移。

  刘宜，女，1992年10月27日出生，天津静海人。本科毕业于东北师范大学外国语学院英语专业。研究生毕业于天津师范大学教育学部教育管理专业，师从陈自鹏老师。曾在滨海新区首届"教师大练兵大比武活动"中，荣获"青年新秀"组一等奖；所任班主任班级曾连续两年被评为区级优秀班集体；曾作为参研人员参与题为"探究基于个性化学习的课堂转变"的课题研究。曾在滨海新区第一（致远）教育发展共同体"生源均衡背景下，分层教学深探究"论文大赛中，荣获二等奖；撰写的《中考英语总复习教学方法与策略研究》一文曾在全国中考英语改革及中考英语总复习教学研讨会中用作大会交流，并被大会论文评审委员会评为二等奖。撰写的《情境教学在小学英语课堂教学中的应用初探》一文曾在西青区基础教育"教育创新"论文评审活动中荣获三等奖。2021年考入天津师范大学攻读教育博士学位。